TEACH YOURSELF BOOKS

' DUTCH

This book has been specially prepared for all who wish to learn the Dutch language by private study. Particular attention is paid to pronunciation so as to give the student the maximum opportunity of learning to speak Dutch correctly as well as gaining a knowledge of the written language.

"One of the qualities which make this book attractive for study is the very appropriate sub-division of the subject matter. Not a chapter is overloaded, and grammar is illustrated by examples and comparison with the English, rather than by an enumeration of rules, which would make the study dry and monotonous. There are no long dry list of words, but the examples illustrating the grammar are chosen so that they constantly enrich the vocabulary of the reader. Rather than confine one subject to one chapter, the same subject is often treated or further discussed in successive chapters. Thus, confusion resulting from accumulation of statements is prevented, while at the same time the student is reminded of what he has already learnt in previous chapters. In order to make him more familiar with the new words, each chapter is followed by a short exercise on translation in which these words are used in sentences. Differences between spoken and written language are pointed out whenever this proves necessary."

Higher Educational Journal

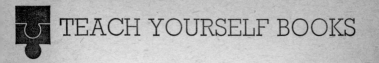
TEACH YOURSELF BOOKS

DUTCH

H. Koolhoven

ST PAUL'S HOUSE WARWICK LANE LONDON EC4P 4AH

First printed 1941
New edition 1961
This impression 1974

This volume is published in the U.S.A. by David McKay
Company Inc., 750 Third Avenue, New York, N.Y. 10017

ISBN 0 340 05778 5

Printed in Great Britain
for The English Universities Press, Ltd.,
by Richard Clay (The Chaucer Press), Ltd., Bungay, Suffolk

PREFACE

THE present volume has been written for those who wish to acquire a knowledge of Dutch by private study. This has made it necessary to be rather more explicit on minor points than would have been the case if the book were intended for use with a teacher, and to devote special attention to the pronunciation, which has been indicated by phonetic script and stress-marks whenever the student was likely to go wrong. The chapter on pronunciation, though short, will be found to contain a great deal of useful information in simple, non-technical language. It should be studied before any of the other chapters is attempted, and constantly revised, so that when the student hears Dutch spoken, either in conversation or over the wireless, he may know what to listen for and how to correct his own pronunciation.

Phonetic script will be familiar to many from the French and German books they may have used at school. Those to whom it is new are urged not to jib at it, but to take the little trouble needed to understand it. They will find it of the greatest assistance, as phonetic transcriptions are used throughout the book. At the same time students will do well to avail themselves of every opportunity to speak the language and to hear it spoken. Listening to Dutch broadcasts will accustom the ear to the sound of the language, and give greater confidence in using it.

NOTE TO THE SEVENTH EDITION

This edition has been carefully revised and brought up to date. The official spelling, fixed by the Act of February 14, 1947, has now been introduced throughout, and at the request of many students a Dutch–English vocabulary has been added.

The writer gladly acknowledges his indebtedness to Prof. Th. Weevers, D. Litt., Leiden, and to Miss Aletta Huysinga, Litt. Doct^a, Amsterdam, both of London University, and to Dr. Jac. Smit of the University of Melbourne, who have at his request once again gone through the whole of the book and have suggested numerous emendations, which have in most cases been gratefully adopted. There is hardly a page which has not in some way benefited by their experience, scholarship and courtesy.

H. KOOLHOVEN.

NOTE TO THE NINTH EDITION

This new edition has again been revised. Some minor blemishes have been removed. Changes made in the eighth edition have been subject to the author's careful reconsideration.

H. K.

CONTENTS

PART II

PART I

PRONUNCIATION; GRAMMAR; EXERCISES

PART I

PRONUNCIATION; GRAMMAR; EXERCISES

CHAPTER I

PRONUNCIATION

1. No language is written exactly as it is pronounced. Although the official spelling of the Dutch language is very simple and regular, it will still be found that the same sound is sometimes spelt in more than one way, and that the same letter is made to represent more than one sound. Unavoidably, also, the spelling does not show the consonant assimilation which is such a common feature of Dutch speech.

2. **Phonetic Script.** In order to overcome this difficulty and to give the student a reliable picture of the actual pronunciation, use will be made of a simple system of *phonetic script*, consisting partly of the ordinary letters of the alphabet, and partly of special characters, when no letters to represent the unfamiliar sounds are available. In this system each symbol represents *one sound only*, and each sound is always represented by the same symbol.

3. **Vowel Length.** The system also supplies a simple method of indicating *vowel length*. Short vowels receive no addition; Dutch long vowels in stressed positions, which are as a rule shorter than the corresponding English ones, receive one dot; whilst full length before the consonant *r* is indicated by two dots, thus:

$$\text{a, a·, a:}$$

4. **Stress.** Lastly, stress is shown where necessary by an accent placed *before* the stressed syllable. This is unnecessary when the stress falls on the first syllable of a word, this being the usual way of stressing words in all

Germanic languages.   Likewise, in a word of two syllables, if one syllable contains a vowel which never occurs in stressed positions, the stress must fall on the other syllable. and need not be specially indicated.

Long Vowels

5. Dutch long vowels are *shorter* than the corresponding English ones, except before the consonant *r*, when they have about the same length as in English *caring, boring*. They are all *pure* vowels, i.e. they develop no second element towards the end, such as we hear in English *say, no*.   As they are shorter than the English vowels, it is easier to keep the mouth in exactly the same position until the whole vowel has been pronounced.

6. Long Dutch **a·**, spelt *a* and *aa*, is not altogether unlike the English vowel in *father, master*, but it is pronounced farther forward in the mouth :

   vader, **va·dər,** father   *laat*, **la·t,** late   *maar*, **ma:r,** but

7. Long Dutch **e·**, spelt *e* and *ee*, is a pure vowel, closer than the English sound in *say*, and about the same as the French vowels in *été*:

   zee, **ze·,** sea   *beven*, **be·ve(n),** to tremble   *meer*, **me:r,** more

8. Long Dutch **i·**, spelt *i* and *ie*, is again a pure vowel, and shorter than the sound in English *sea*:

   zie, **zi·,** see   *dienen*, **di·nə(n),** to serve   *bier*, **bi:r,** beer

9. Long Dutch **o·**, spelt *o* and *oo*, besides being a pure vowel and shorter than the sound in English *no*, should be *well rounded*, i.e. the lips should be pushed forward more energetically than is usually done in English:

boot, **bo·t,** boat   *boven*, **bo·və(n),** above   *Noor*, **no:r,** Norwegian

10. Long Dutch **u·**, spelt *oe*, is again a pure vowel, and well rounded:

   hoe, **hu·,** how   *voet*, **vu·t,** foot   *boer*, **bu:r,** farmer

11. Long Dutch **y·**, spelt *u* and *uu*, does not occur in English. It is the vowel heard in French *lune*. To produce it, pronounce the vowel **i·**, as in *zie*, and push the lips well forward, taking care meanwhile not to move the tongue. At the first attempt the sound produced may be something very like ' yoo '. If this is so, it is a sure sign that the tongue has been allowed to shift back to the **u·** position. Try again, starting from **i·**, and keeping the tongue still. An intelligent student, using a mirror to watch the movements of his lips, should be able to master the sound after a few minutes' patient practice :

nu, **ny·**, now   *buur*, **by·r**, neighbour   *zuur*, **zy:r**, sour

12. Long Dutch **ø·**, spelt *eu*, is another vowel which does not occur in English. It is heard in French *feu, neveu*. Like **y·**, it is pronounced with the lips well rounded, but instead of starting from the **i·** sound, the student should first pronounce a clear, pure **e·**, and then round the lips, keeping the tongue still :

leunen, **lø·nə(n)**, to lean   *teuten*, **tø·tə(n)**, to dawdle
deur, **dø:r**, door

Short Vowels

13. Short Dutch **ɛ**, spelt *e*, is a more open vowel than the English one in *bed* and *set*. It may be described as being intermediate between the vowels in English *set* and *sat* :

net, **nɛt**, neat   *bed*, **bɛt**, bed   *pen*, **pɛn**, pen

14. Short Dutch **ɑ**, spelt *a*, is the short vowel corresponding to long Dutch **a·**. It is pronounced farther back in the mouth, and has a deeper sound. English speakers are apt to confuse it with the vowel of *cot, rod*, but note that whereas the latter is a rounded vowel, *i.e.* pronounced with the lips pushed forward, the lips are kept still in the Dutch vowel :

kat, **kɑt**, cat   *pan*, **pɑn**, pan   *sap*, **sɑp**, sap

15. Short Dutch **ɪ**, spelt *i*, is slightly more open than the English vowel in *bit* and *sit*. The difference is not very important.

zitten, **zɪtə(n)**, to sit   *pil*, **pɪl**, pill   *kind*, **kɪnt**, child

16. Short Dutch **ɔ**, spelt *o*, is not the vowel of English *cot*, *rod*, but that of English *lawn*, *caught*, considerably shortened :

pot, **pɔt**, pot   *bok*, **bɔk**, male goat   *sok*, **sɔk**, sock

17. Short Dutch **œ**, spelt *u*, has no corresponding vowel in English. It is a fairly close, *rounded* vowel, whose acoustic effect resembles that of English *worm*, *whirl*, considerably shortened. Remember that it is *not* the vowel of English *cut* and *cup* :

nut, **nœt**, usefulness   *bus*, **bœs**, 'bus   *kus*, **kœs**, kiss

18. Dutch **ə**, spelt *e*, and sometimes *i* or *ij*, occurs only in unstressed syllables. It is pronounced like the first vowel of English *above* and *again*, and is shorter and less open than the last vowel of *India* and *miner* :

zitten, **zɪtə(n)**, to sit   *deze*, **de·zə**, this
monnik, **mɔnək**, monk   *lelijk*, **le·lək**, ugly

Diphthongs

19. Diphthongs are the hardest sounds to describe with any degree of accuracy. They have been defined as being ' two vowels pronounced in one syllable ', but in actual fact there is more to them than this. Every diphthong has, of course, an initial and a final sound which may be described with some degree of accuracy. But between these there is a whole series of intermediate sounds, through which the voice passes without dwelling on any of them. Incidentally, diphthongs are also the hardest sounds to imitate, and students should study them with special care when they listen to Dutch broadcasts or have another opportunity to hear good Dutch spoken.

20. The Dutch diphthong **ɛi,** spelt *ei* and *ij*, must be compared with the similar English diphthong in *by* and *light*. It has the same length as the diphthong in *light*, but its first element, instead of being a kind of **a** as in English, resembles the Dutch **ɛ** in *met*. To a southern English ear the Dutch diphthong resembles the vowel in *late* and *ape*.

mij, **mɛi,** me   *Mei*, **mɛi,** May   *lei*, **lɛi,** slate

21. The Dutch diphthong **œi, œy,** spelt *ui*, has no English equivalent. The first element is like the **œ** in Dutch *nut*, rounded, therefore, but pronounced with a slightly larger mouth-opening. The second element is a short **i** at the end of a word, and a short **y** before a consonant :

bui, **bœi,** shower   *huis*, **hœys,** house   *luid*, **lœyt,** loud

22. Dutch **yu,** spelt *uw*, is a long **y·** of which the second part is narrowed until it becomes a short **u**, or weak **w** with the tongue still in the **y** position:

uw, **y·u,** your   *ruw*, **ry·u,** rough   *duwen*, **dy·uə(n),** to push

23. The Dutch **ɔu,** spelt *ou* and *au*, must be compared with the English diphthong in *loud* and *now*. The first element is less open than in English, and is rounded (lips pushed forward !). It closely resembles the vowel in English *cot*. The second element is a short **u** :

koud, **kɔut,** cold   *zout*, **zɔut,** salt   *hout*, **hɔut,** wood

24. Little need be said about the Dutch diphthongs **a·i, o·i, u·i, i·u,** and **e·u,** spelt *aai, ooi, oei, ieuw,* and *eeuw*. They are simply the Dutch vowels **a·, o·,** and **u·,** followed by a short **i** ; and **i·, e·,** followed by a short **u** or **w**. So long as the first vowel is the Dutch one, and not its English equivalent, there is no difficulty :

zaai, **za·i,** (I) sow   *mooi*, **mo·i,** beautiful
                        boei, **bu·i,** buoy
nieuw, **ni·u,** new   *eeuw*, **e·u,** century

Consonants

25. Dutch *p*, *t*, *k*, are pronounced as in English, except that the slight puff of breath resembling a weak **h**, which we hear after these consonants in English in such words as *pay*, *tea*, *cut*, is absent.

26. Dutch *b* and *d* are pronounced **p** and **t** at the end of a word :

ik heb, **ək hɛp**, I have   *bed*, **bɛt**, bed

27. English *g* as in *good*, is only heard in Dutch when **k** is weakened before a following **b** or **d** :

ik ben, **əg bɛn**, I am   *ik doe*, **əg du·**, I do

28. Dutch **ʋ**, spelt *w*, is not the same sound as the English consonant in *well* and *wall*, which is pronounced with the tongue in the **u** position and the lips well rounded. Dutch **ʋ** is not rounded at all, but is pronounced with the lower lip held against the upper teeth, as in **v**. The lower lip is raised slightly higher than for **v**, however, and it is a slightly weaker sound than **v**. For all their similarity the two consonants **v** and **ʋ** are never confused in actual practice, and to a Dutch ear at least they are entirely different consonants :

    was, **ʋas**, was   *water*, **ʋa·tər**, water
                  wel, **ʋɛl**, well

The combination *wr* is pronounced **ʋr** :

    wrak, **ʋrak**, wreck   *wreken*, **ʋre·kə(n)**, to revenge

29. Dutch *r* is always trilled, and is pronounced wherever written, also before other consonants and at the end of a word. Two varieties occur : it is either made by trilling the tip of the tongue against the gums, or by trilling the uvula against the back of the tongue :

        rood, **ro·t**, red   *warm*, **ʋɑrm**, warm
            liever, **li·vər**, rather

30. The letter *j* in Dutch is pronounced like *y* in English *yacht* and *yawn*, never like *j* in English *jolly*. The phonetic symbol is **j**:

ja, **ja·**, yes   *Jan*, **jɑn**, John   *Jacob*, **'ja·kɔp**, Jacob

31. When the letter *n* is followed by *j* the resulting consonant is one which does not occur in English. It is heard, however, in the French words *vigne*, *montagne*, *Espagne*, and is formed by pronouncing **n** with the middle of the tongue instead of using the tip, and dropping the *j* altogether. The phonetic symbol of this new consonant is **ɲ**:

kan je? **kɑɲə?** can you?   *ben je?* **bɛɲə?** are you?
oranje, **o'rɑɲə**, orange

32. Much the same thing happens when the letter *t* is followed by *j*. **t** is pronounced with the middle instead of with the tip of the tongue, and *j* is dropped. The phonetic symbol of the new consonant is **ţ**:

katje, **kɑţə**, kitten   *had je?* **hɑţə?** had you?
moet je? **mu·ţə?** must you?

33. The consonant group *ntj* is pronounced in the same way. **n** becomes **ɲ**, **t** becomes **ţ**, and *j* is dropped:

kantje, **kɑɲţə**, lace edging   *mandje*, **mɑɲţə**, basket

34. The Dutch digraph *th* is pronounced as **t**

theorie, **teo'ri·**, theory

35. Dutch **x**, spelt *ch*, is the guttural consonant heard in Scotch *loch*. It is a strong fricative, pronounced in the same place as **k**. Though it does not occur in English, it can be learnt with very little effort. Avoid giving the sound a throaty, rasping effect:

zocht, **zɔxt**, sought   *nacht*, **nɑxt**, night

In the combination *chtj* in one word the *t* is dropped.

nichtje, **nɪxjə,** a young cousin

36. There is also a weak variety of the same consonant, spelt, *g*, phonetic symbol **g**:

goed, **gu·t,** good   *dagen*, **da·gə(n),** days

leugen, **lø·gə(n),** (a) lie

At the end of a word and before a strong consonant **g** becomes **x**:

droog, **dro·x,** dry   *hoog*, **ho·x,** high

hij liegt, **hɛi li·xt,** he lies

37. The combination *sch* is pronounced **sx**. Particular care should be taken not to make the **x** too guttural or harsh. It is the *gentlest of fricatives*:

schip, **sxɪp,** ship   *school*, **sxo·l,** school

schijnen, **sxɛinə(n),** to seem

39. A further complication is introduced by the combination *schr*, pronounced **sxr**. In this group the **x** is pronounced very lightly, and many speakers leave it out altogether, pronouncing **sr**:

schrijven, **sxrɛivə(n),** to write   *schrift*, **sxrɪft,** script

schroef, **sxru·f,** screw

39. The letters *sj* stand for the first consonant in English *shall* and *short*. The phonetic symbol is **ʃ**:

sjofel, **ʃo·fəl,** shabby   *meisje*, **mɛiʃə,** girl

In the combination *stj*, *t* is dropped:

kastje, **kaʃə,** small cupboard, locker

40. The consonant heard, but not spelt, in such English words as *measure*, *treasure*, occurs sometimes in Dutch, mostly in words of French origin. The phonetic symbol is **ʒ**.

The sound is spelt *g* in those cases, such as *genie*, **ʒəni·,** genius.

41. The consonant represented both in English and Dutch by the letters *ng* has **ŋ** for its phonetic symbol. Observe

that the Dutch consonant is never followed by a **g**, as in English *stronger* and *longer*:

> *bang*, **baŋ,** frightened   *banger*, **baŋər,** more frightened

In some words of foreign origin *ng* is pronounced **ŋg**:

> *meningitis*, **me·nɪŋgi·təs,** meningitis

Assimilation

42. Two consecutive consonants in Dutch, whether they belong to the same word or not, are always either both strong or both weak:

> *uit*, **œyt,** out   *vegen*, **ve·gə(n),** to wipe
> *uitvegen*, **œytfe·gə(n),** to wipe out

43. When, as a result of assimilation, the two consonants become identical, one is dropped:

> *een doos*, **ən do·s,** a box   *zeep*, **ze·p,** soap
> *een doos zeep*, **ən do·se·p,** a box of soap

44. A combination of two stops, one weak and one strong, is always weak:

> *blijkbaar*, **'blɛigba·r,** evidently   *rijkdom*, **'rɛigdɔm,** wealth

45. In combinations of a stop and an open consonant it is the stop which decides whether both are weak or strong:

> *af*, **af,** off   *bellen*, **bɛlə(n),** to ring
> *afbellen*, **'avbɛlə(n),** to ring off
> *op*, **ɔp,** up   *vouwen*, **vouə(n),** to fold
> *opvouwen*, **'ɔpfouə(n),** to fold (up)

46. A combination of two open consonants is always strong:

> *laf*, **laf,** cowardly   *zijn*, **zɛin,** to be
> *laf zijn*, **laf sɛin,** to be a coward

Loss of Sound

47. The **n** in the ending *en* of verbs and plural nouns is generally dropped in connected, unaffected speech:

> *denken*, **dɛŋkə(n),** to think   *stoelen*, **stu·lə(n),** chairs

CHAPTER II

SPELLING

49. Dutch orthography was revised and simplified by the Act of February 14, 1947, when the cumbersome and old-fashioned spelling used until that date was finally abolished. The general appearance of words has not been greatly affected by the change, which mainly consists in the omission of unnecessary letters and obsolete inflections. Older publications can still be read without difficulty. The principal rules may now be summarized as follows :

50. The letters *a, e, i, o, u* may represent a short or a long vowel. They stand for a short vowel before two consonants, and before one consonant at the end of a word. They represent a long vowel when final and before a single consonant followed by another vowel. When a long vowel occurs before two consonants, or before one consonant at the end of a word, it must be written double. Note, however, that final long **e·** is always written *ee*. The single letter *e* at the end of a word represents the sound **ə**.

51. The letter *a* stands for **ɑ** and **a·**.
It is **ɑ** in *kat*, cat; *katten*, cats; *kalf*, calf.
It is **a·** in *na*, after; *vader*, father; *naast*, next.

52. The letter *e* stands for **ɛ** and **e·**.
It is **ɛ** in *pen*, pen; *pennen*, pens; *recht*, right.
It is **e·** in *beven*, to tremble; *meel*, flour; *meest*, most.
Final **e·** is always spelt *ee* : *zee*, sea.

53. The letter *i* generally stands for **ɪ**.
pil, pill; *pillen*, pills; *kind*, child.
Long **i·** is written *ie*, as in *zien*, to see.
The letter *i* stands for long **i·** in some words of foreign origin, as in *machine*, **maˈʃi·nə**, engine.

54. The letter *o* stands for **ɔ** and **o·**.
It is **ɔ** in *pot*, pot; *potten*, pots; *soms*, sometimes.

It is **o·** in *zo*, so; *boven*, above; *boot*, boat; *noord*, north.

55. The letter *u* stands for **œ** and **y·**

It is **œ** in *kus*, kiss; *kussen*, cushion; *rust*, rest.

It is **y·** in *nu*, now; *duren*, to last; *duur*, dear; *ruw*, rough.

56. The diphthong **ɛi** is spelt *ei* or *ij* : *mij*, me; *Mei*, May.

57. The diphthong **ou** is spelt *ou* or *au* : *hout*, wood; *klauw*, claw.

NOTE:—(*a*) *ee* is retained in derivatives from words ending in *ee*. Thus the plural of *zee*, sea, is *zeeën*, the two dots on the last *e* marking the place where the second syllable begins. The word *tweede*, second, derived from *twee*, two, is spelt with *ee* according to the same rule.

(*b*) The suffix *isch*, pronounced **i·s**, will continue to be so spelt, though the letters *ch* are not pronounced. Thus we write :

tragisch	**tra·gi·s**	tragic
logisch	**lo·gi·s**	logical
Belgisch	**belgi·s**	Belgian

(*c*) The suffix pronounced **lək** will continue to be spelt *lijk* as heretofore. Thus we write :

moeilijk	**mu·ilək**	difficult
eindelijk	**ɛindələk**	at last
koninklijk	**ko·nəŋklək**	royal

CHAPTER III

THE DEFINITE ARTICLE—PLURAL OF NOUNS

58. The definite article before singular nouns is either *de*, **də**, or *het*, **ət**. Plural nouns always take *de*:

de man, **də mɑn,** the man   *de vrouw*, **də vrɔu,** the woman,
het kind, **ət kɪnt,** the child   wife

59. Nouns which take *het* are called neuter nouns. They include all the diminutives ending in *je*, and the names of animals denoting both sexes, when there are special names for the male and the female. For other neuter nouns some rules can be given, but on the whole they must be learnt as they occur.

het mannetje, **ət mɑnətə,** the   *het vrouwtje*, **ət vrɔutə,** the
   male animal   female animal
het kindje, **ət kɪɲtə,** baby   *het paard*, **ət pɑːrt,** horse
het schaap, **ət sxɑ·p,** sheep   *het boek*, **ət bu·k,** book

Nouns of verbal stem origin beginning with *be-*, *ge-* and *ver-* are neuter nouns: *het besluit*, decision; *het gezang*, hymn, and so are collective nouns beginning with *ge-* and ending in -*e* : *het gebladerte*, foliage. Many material nouns, especially names of metals, are neuter: *het goud*, gold; *het papier*, paper.

Plural of Nouns

60. The plural of nouns is generally formed by adding *en* to the singular. This ending may be pronounced **ən** when the word is pronounced carefully by itself. But see § 47.

boeken, **bu·kə,** books   *vrouwen*, **vrɔuə,** women
          mannen, **mɑnə,** men

61. The spelling of many words, and often the pronunciation as well, undergoes a change when the plural *en* is added. Rules will be given as we proceed. Thus the consonant is doubled in *mannen*; one *a* is dropped in *schapen*, sheep.

The plural of *kind*, child, is *kinderen*, **kɪndərə,** children.

62. The plural of many words is formed by adding *s* to the singular. This *s* is always pronounced **s** as in *caps*, *pipes*, never **z** as in *days*, *minds*.

ooms, **o·ms,** uncles	*tafels*, **ta·fəls,** tables
zoons, **zo·ns,** sons	*koks*, **kɔks,** male cooks

63. All diminutives take *s* in the plural: *mannetjes*, *vrouwtjes*. The plural of *kindje* is *kindertjes*, **kɪndərtəs,** little children. Further rules for the *s*-plurals will be given later.

64. As has already been said, plural neuter words take *de*, never *het*.

het boek, de boeken, book, books.

The Indefinite Article

65. The indefinite article is *een*, **ən,** a, an. *Een* pronounced **e·n** means *one*, and is spelt *één*, when it is necessary to distinguish between the two:

een man, een vrouw, een kind, een paard, één boek.

Translate

66a. De man, het kind, de vrouwen, de kinderen, de kindertjes, een kind, een paard, een schaap, een schaapje, schapen, het mannetje, paarden, ooms, een kok, een zoon.

b. men, the man, children, a child, wives, the tables, a table, horses, a horse, sheep, a sheep, sons, the son, a son, the sons, tea, milk, a little sheep.

c. De zee, het bier, meer bier, de boot, de boten, een boot, een voet, voetjes, de boeren, een boer, de deur, het deurtje, de bedden, pennen, een kat, de katjes.

d. the pan, a pan, the little cat, a pen, pens, beds, a door, doors, the little door, little doors, farmers, little feet, the foot, boats, a boat, the beer, more beer, the pill, a pill, pills.

CHAPTER IV

PERSONAL PRONOUNS—HEBBEN—NUMERALS

67. The subject forms of the personal pronouns are as follows :

ik, ɪk, ək, I   *wij*, *we*, ʋɛi, ʋə, we   *hij*, hɛi, he
zij, *ze*, zɛi, zə, she   *het*, ət, it   *zij*, *ze*, zɛi, zə, they

In unstressed positions *ik*, *wij*, *zij*, and *het* are pronounced ək, ʋə, zə, ət. The full pronunciation ɪk, ʋɛi, zɛi, hɛt is used only when the pronouns are stressed. The spelling *wij*, *zij*, is always correct. *Het*, both as a pronoun and as an article, is occasionally spelt *'t*.

68. For English ' you ' Dutch has no fewer than three forms :

gij, *ge*, gɛi, gə,   *jij*, *je*, jɛi, jə,   U or *u*, y˙.

Gij, *ge* are used in literature, the Bible, solemn speech, and prayer. They need not detain us here.

Jij, *je* are used between husband and wife, by parents to children, by uncles and aunts to nephews and nieces, by teachers to pupils, by masters to servants, by officers to ' other ranks ', in familiar correspondence, and above all among friends and intimate acquaintances.

U is used to parents, elder relatives, casual acquaintances, strangers, superiors, and in formal and business correspondence. In the last case the capital letter U is usual.

Jij is singular only. *Je* is both singular and plural. In the plural it is frequently replaced by *jullie*, 'jœli, originally meaning ' you people '.

69. *Hebben*, hɛbə, to have.

The present tense of *hebben* is as follows:

ik heb, hɛp, I have   *heb ik?* hɛbək, have I?

wij, we hebben, we have
je hebt, **hɛpt,** you have
U heeft, hebt, you have
jullie hebben, you have
hij heeft, he has
zij, ze heeft, she has
het heeft, it has
zij, ze hebben, they have

hebben wij, we? have we?
heb je? **hɛbjə,** have you?
heeft, hebt U? have you?
hebben jullie? have you?
heeft hij? **he·fti,** has he?
heeft zij, ze? **he·ftsə,** has she?
heeft het? **he·ftət,** has it?
hebben zij, ze, have they?

In general, unstressed *hij* following the verb is pronounced **i**.

70. The infinitive of Dutch verbs ends in *en*, rarely in *n*. The first person singular of the present tense is the same as the stem of the verb, i.e. the verb without the ending *en* or *n*. The spelling of many stems, and often the pronunciation as well, is affected by the omission of the ending. In *heb*, for instance, we notice that one *b* is dropped, as double consonants do not occur at the end of Dutch words, and that the final *b* is pronounced **p**.

The second person *je* adds *t* to the stem. In the interrogative form it has no ending.

U, which originally means 'your Honour', generally takes the verb in the third person singular, though the second person singular is also used.

Jullie has a plural verb after it in the spoken language, but in written Dutch the singular form is sometimes found.

The third person singular *heeft* is irregular. The first and third persons plural have the same form as the infinitive.

Numerals

71. *een,* **e·n,** one
    twee, **tve·,** two
    drie, **dri·,** three
    vier, **vi:r,** four
    vijf, **vɛif,** five
    zes, **zɛs,** six

zeven, **ze·və,** seven
acht, **ɑxt,** eight
negen, **ɲe·gə,** nine
tien, **ti·n,** ten
elf, **ɛlf,** eleven
twaalf, **tva·lf,** twelve

Vocabulary

72.			
de stoel	stu·l	stoelen	chair(s)
de tafel	ta·fəl	tafels	table(s)
de kast	kɑst	kasten	cupboard(s)
de lamp	lɑmp	lampen	lamp(s)
de klok	klɔk	klokken	clock(s)
de kamer	kɑ·mər	kamers	room(s)
het raam	ra·m	ramen	window(s)
het gordijn	gɔr'dɛin	gordijnen	curtain(s)
het bed	bɛt	bedden	bed(s)
het vuur	vy:r	vuren	fire(s)
het kleed	kle·t	kleden	carpet(s)
het vloerkleed	vlu·rkle·t	vloerkleden	carpet(s)
het karpet	kar·pɛt	karpetten	carpet(s)

Translate

73a. Hebben jullie een klok in de kamer? Ze heeft een tafel, een kast en een stoel. Heb je een vloerkleed? Hij heeft vier kamers. Acht paarden en negen schapen. Tien gordijnen. Jan heeft een koe en een kalf.

b. They have a fire. Have you twelve chairs and three tables? Has the room two windows? The men have six horses. The cook has a son. The uncle has four sons.

c. De boer heeft twaalf schapen. Twee kasten en een lamp. De eeuw. Twee eeuwen. Het schip heeft een schroef. Het schip heeft twee schroeven. Zij heeft een doos zeep. De kat heeft klauwen. Wij hebben vier kussens.

d. You (people) have four cushions and three chairs. Three centuries. Has the ship two screws? Has the little cat claws? The cupboard has two little doors. John has seven pens. Three beds. Four carpets.

CHAPTER V

PERSONAL PRONOUNS—ZIJN

74. The personal pronouns used as objects and after prepositions are as follows:

mij, me, **mɛi, mə,** me
   jou, je, U, **jou, jə, yˑ,** you (sing.)

hem, **hɛm, əm,** him
   haar, **haːr, dər,** her

het, **ət,** it
   ons, **ɔns,** us

je, U, jullie, you (pl.)
   hun, hen ; haar ; ze, them

Het is not used after prepositions (v. § 201).

Jou is singular only. The unstressed pronoun *je* is both singular and plural.

mɛi, jou, hɛm, haːr are used in stressed positions only.

mə, jə, əm, dər are unstressed.

Hun and *hen* refer to persons only; *hun* is used in spoken Dutch for the direct and indirect objects and after prepositions. *Hen* is used in written Dutch for the direct object and after prepositions. *Ze* refers to things in the plural, but is also frequently used for persons. In cases of special emphasis, though, *hun* is the only form possible for persons.

75. *Zijn,* **zɛin,** to be.

The present tense of *zijn* is as follows:

ik ben, **əg bɛn,** I am
   ben ik? **bɛnək?** am I?

wij, we zijn, we are
   zijn we? are we?

je bent, you are
   ben je? **bɛɲə?** are you?

U is, bent, you are
   is U, bent U? are you?

jullie zijn, you are
   zijn jullie? are you?

hij is, he is
   is hij? **isti?** is he?

zij, ze is, she is
   is ze? **isə?** is she?

het is, it is	*is het?* **izət?** is it?
zij, ze zijn, they are	*zijn ze?* are they?
Imperative—singular:	plural: (only occurring in written Dutch)
wees, be	*weest*, be

Numerals

76. *dertien*, **'dɛrti·n**	.	13	*negentien*	. .	19
veertien, **'ve:rti·n**	.	14	*twintig*, **tʋɪntəx**	.	20
vijftien	. .	15	*'eenentwintig*	.	21
zestien	. .	16	*'tweeëntwintig*	.	22
zeventien	.	17	*'drieëntwintig*	.	23
achttien, **'ɑxti·n**	.	18	*dertig*, **dɛrtəx**	. .	30

Numerals up to 100 are rewritten as one word

Vocabulary

77. *de vloer*	**vlu:r**	*vloeren*	floor(s)
de muur	**my:r**	*muren*	wall(s)
de deur	**dø:r**	*deuren*	door(s)
de trap	**trɑp**	*trappen*	staircase(s)
de moeder	**mu·dər**	*moeders*	mother(s)
het huis	**hœys**	*huizen*	house(s)
de tuin	**tœyn**	*tuinen*	garden(s)
het licht	**lɪxt**	*lichten*	light(s)
het glas	**glɑs**	*glazen*, **glɑ·zə**	glass(es)
het kopje	**kɔpjə**	*kopjes*	cup(s)
het bord	**bɔrt**	*borden*	plate(s)
het brood	**bro·t**	*broden*	bread, loaf
het broodje	**bro·tə**	*broodjes*	roll(s)

van, of, from	*en*, and	*in*, in	*voor*, for
hier, here	*op*, on	*daar*, there	*waar*, where
veel, much, many	*hoe*, how	*hoeveel*, how many	

Translate

78a. Hier is vader. Daar zijn vader en moeder. Waar is ze? Waar is de trap? Zijn de kinderen in de tuin?

Hoeveel deuren en ramen heeft het huis? Bent U de kok? Ben jij Jan? Heeft de boer veertien schapen en twintig paarden? Waar is het brood? Hier is een broodje voor U. Een kopje thee. De muren van het huis.

b. The floor of the room. The floors of the rooms. The walls of the houses. Are you there, John? There is the light. Mother, where is the glass? Has the child a plate? Have the children plates? There is the staircase. The carpet on the floor. The man on the horse. Uncle, have you the curtains and the chairs?

c. Daar zijn de vloerkleden. De kopjes en de glazen staan in de kast. De kinderen zijn in de kamers. Waar zijn de zes glazen? Dertig 'theekopjes. Het huis heeft acht entwintig ramen en zestien deuren. Hoeveel gordijnen heeft oom? Oom heeft vierentwintig gordijnen. Achtendertig bordjes. Wij hebben zesendertig broodjes voor achttien kinderen.

d. Are the carpets on the floors? Are the glasses in the little cupboard? Are the twenty-six children in the garden? Six glasses and seven tea-cups for nine men and four women. Has the house many doors and windows? The lights in the rooms. A house has four walls. The staircase of the house. The staircases of the houses.

CHAPTER VI

POSSESSIVE PRONOUNS

79. The possessive pronouns are :

mijn, my   *zijn, haar*, his, her, its
ons, onze, our   *hun*, their
            jouw, je, Uw, jullie, your

Unstressed *mijn, zijn* are pronounced **mən, zən.** Unstressed *haar* is **dər.** *Jouw,* **jou,** is singular only. It is always stressed. *Uw* is written with a capital letter in correspondence. *Ons* is used before singular neuter nouns, *onze* in all other cases. There is no separate word to translate ' its '. When the neuter word to which it refers is the name of a woman or female animal, we use *haar* ; in all other cases *zijn* is used.

Geef het meisje haar (**dər**) *boek.*   Give the girl her book.
Geef het paard zijn haver.   Give the horse its oats.

80. The independent possessives are :

de or *het mijne, onze, jouwe, uwe,   zijne, hare, hunne*
            mine,   ours, yours, yours,   his,   hers, theirs

Jullie has no independent possessive.

Dit is mijn pen, de uwe ligt   This is my pen, yours is on
    op de tafel.   the table.
Dit is mijn boek, het uwe ligt   This is my book, yours is on
    op de tafel.   the table.

After the verb ' to be ' in such phrases as ' the house is mine ', Dutch uses *van* followed by the object form of the personal pronoun : *Het boek is van mij, van ons, van jou, van U, van jullie, van hem, van haar, van hen.*

Vocabulary

81.

de school	sxo·l	scholen	school(s)
de lepel	le·pəl	lepels	spoon(s)
de vork	vɔrk	vorken	fork(s)
de vriend	vri·nt	vrienden	friend(s)
ziek	zi·k		ill, sick
thuis	tœys		at home

naast, next to *ook*, too *wie*, who
neen, **ne·(n)**, no *ja*, yes *op school*, at school

Translate

82*a*. Mijn boek ligt in de kast. Zijn boeken staan in zijn kastje op school. Wie heeft haar kopje? Jan, waar zijn onze broodjes? Uw kamer is naast de mijne. Hun huis is naast het onze. Breng me twee glazen melk en vier kopjes thee. Dat bord is van mij. Nee, het is van haar. Zijn de lepels van jullie? Is dit uw vork? Daar zijn hun vrienden.

b. The cupboard is mine. No, it (hij) is hers. Is your friend at school? Mine is at home. Our friend is ill. He is in bed. Are the forks yours? No, they are hers. Is his cup of tea on the table? Yes, and hers too (so is hers).

83. The past tenses of *hebben* and *zijn* are as follows :

ik, jij, hij, had, **hɑt**   *was,* **vɑs**
wij, zij hadden, **hɑdə(n)**   *waren,* **vɑ·rə(n)**

For the sake of brevity, only one pronoun for the second and third persons will in future be given, and weak forms will be omitted, as they have been adequately discussed in the preceding pages.

The usual assimilations occur in the interrogative forms :

had ik, **hɑdək**   *had je,* **hɑtə**   *had ze,* **hɑtsə**
was ik, **vɑzək**   *was je,* **vɑʒə**   *was ze,* **vɑsə**
had hij, was hij, are usually pronounced **hɑti, vɑsti.**

Numerals

84.						
veertig	.	.	. 40	*tachtig*	. .	. 80
vijftig	.	.	. 50	*negentig*	. .	. 90
zestig	.	˙ .	. 60	*honderd,* **honderd**	.	. 100
zeventig	.	.	. 70	*honderd twee*	.	. 102
eenenveertig	.	.	41	*vier en zeventig*	.	. 74
tweeënvijftig	.	.	52	*honderd vijf en tachtig*	.	185

Veertig and *vijftig* are pronounced **feːrtəx, fɛiftəx;** but when *en* precedes in *numbers* (and not otherwise), **f** becomes **v: viːrən've:rtəx,** *vierenveertig,* 44. *Zestig* and *zeventig* are always **sɛstəx** and **se'vəntəx,** also when *en* precedes.

Honderd is neither preceded by ' a ' nor followed by ' and ', as in English.

85. Write in full, and pronounce : 15, 181, 22, 43, 54, 65, 76, 40, 50, 82, 179, 589, 972, 242, 835.

Vocabulary

86.			
de broer	**bruːr**	*broers*	brother(s)
het kantoor	**kɑn'toːr**	*kantoren*	office(s)
op kantoor			at the office
het dozijn	**do'zɛin**	*dozijnen*	dozen(s)
het theelepeltje	**'teˑleˑpəltə**		tea-spoon
of	**ɔf**		or

Translate

87*a*. Was U thuis ? Neen, ik was op school. Vader was op kantoor. Mijn oom had tien huizen. Waren de tien huizen van haar? Nee, ze waren van hem. Had ze twaalf lepels en vorken? Ja, en twee dozin theelepeltjes. De theelepeltjes waren niet van haar. Waar was zijn kantoor? In Rotterdam, **rɔtər'dɑm.** Het mijne is in Amsterdam, **'ɑmstərdɑm.**[1]

[1] Usual pronunciation **amstər'dɑm,** with the accent on the last syllable. In this instance the stress shifts to the first syllable on account of the implied contrast with *Rotterdam*.

b. We were not at home. Were they at the office? Had your uncle (any) houses? Were they mine? Is it yours or hers? Your brother is ill, but mine is not ill. John was at school. Give the girl her books. Here are hers, and there are ours. Give my friend his book. Give my friends their books. These forty-four spoons are mine. The cook has thirty-two dozen forks. She was not at the office. I am fifty, and my brother is forty-eight. Forty-six glasses of milk and two cups of tea for forty-two children and two women.

CHAPTER VII

THE VERB—DEMONSTRATIVE PRONOUNS

88. As we have seen, all Dutch infinitives end in *en* or *n*. The stem is found by taking away the ending. When the ending *en* is preceded by a double consonant, or the ending *n* by a double vowel, one consonant or one vowel is dropped :

hakken, to hack—stem : *hak* *gaan*, to go—stem : *ga*

89. When the stem ends in *b*, *d*, *g*, these consonants are pronounced **p, t, x.**

> *hebben*, to have—stem : *heb*, **hɛp**
> *houden*, to hold—stem : *houd*, **hɑut**
> *liegen*, to tell lies—stem : *lieg*, **li·x**

90. When the infinitive has *v* or *z* before the ending *en*, the stem ends in *f* or *s*.

leven, to live—stem : *leef* *lezen*, to read—stem : *lees*

91. A *single* vowel symbol representing a *long* vowel in the infinitive must be doubled in the stem.

> *beven*, to tremble—stem : *beef*
> *geloven*, to believe—stem : *geloof*

92. The imperative is expressed by the stem of the verb in the singular, and by stem + *t* in the plural. The plural form occurs in literary Dutch only.

ga ! *gaat* ! go ! *lees* ! *leest* ! read !

93. In the present tense the first person is represented by the stem, the second person singular and plural and

the third person singular by stem $+ t$, and the first and third persons plural by the same form as the infinitive.

blijven, to stay *lachen*, to laugh   *zaaien*, to sow
        staan, to stand

ik blijf, lach, zaai, sta
jij blijft, lacht, zaait, staat
hij blijft, lacht, zaait, staat
wij, zij, blijven, lachen, zaaien, staan

94. When the stem of a verb ends in *d*, the second person singular and plural and the third person singular end in *dt*.

houden, to hold—stem : *houd* ; *jij houdt, hij houdt*

When the stem ends in *t*, no second *t* is added :

vechten, to fight—stem : *vecht* ; *jij vecht, hij vecht*

95. The second persons *jij* and *je* have no *t* in the interrogative form : *blijf je? lach je.*

Houd je is pronounced **hɔu jə,** but *vecht je* may be pronounced with the *t*, **vɛxtə.**

With the second person *U* the interrogative form is written and pronounced with a *t* : *blijft U.*

With *jullie* the verb always takes *en* in the interrogative : *blijven jullie.*

96. *TO DO* is not used in the interrogative and negative forms :

lach niet, do not laugh *hij gaat niet*, he does not go
beef je? **beˑv jə?** do you *beeft hij niet?* does not he
 tremble?   tremble?

Progressive Form

97. Dutch has no progressive form :

zij lacht, she is laughing *zijn zij aan het zaaien?* are
          they sowing?

Demonstrative Pronouns

98. The demonstrative pronouns are :

deze, dit, this	*die, dat,* that
deze, these	*die,* those

Dit and *dat* are used before singular neuter nouns only. *Deze* and *die* are used in all other cases. Note that ' these are ', ' those are ' are translated by *dit zijn, dat zijn*.

deze pen	*deze pennen*	pen(s)
die jas	*die jassen*	coat(s)
dit vest	*die vesten*	waistcoat(s)
dat varken	*die varkens*	pig(s)

dit zijn mijn pennen, these are my pens
dat waren onze varkens, those were our pigs

Numerals

99. *Duizend,* **dœyzənt,** 1000.   *duizend zesenzestig,* 1066
Duizend is neither preceded by ' a ' nor followed by ' and '.

Write in full, and pronounce : 1066, 1585, 1660, 1705, 1789, 1837, 1914, 1941, 25392.

Vocabulary

100. *de hond,* **hɔnt,** dog   *de winkel,* **vɪŋkəl,** shop
het koren, **koːrə(n)** corn   *de tabak,* **taˑbɑk,** tobacco
in de winter, in winter   *natuurlijk,* **naˈtyːrlək,** of
koud, **kɔut,** cold   course
altijd, **ˈɑltɛit,** always

Translate

101a. De boer zaait het koren. Geloof je hem niet? Nee, natuurlijk niet. Hij liegt altijd. Gaat hij naar zijn kantoor? Hij beeft. Waarom beeft hij? Is die hond van jou? Hij koopt zijn tabak in die winkel. Wat doe je hier? Blijf niet in deze kamer, het is hier koud.

b. Does the farmer sow his corn in winter? We do not believe you. Of course' not. You are always lying. Are you going to the office? Why is she trembling? Is she trembling? This dog is not hers, it is mine. What is he doing now? Is he buying tobacco?

c. Hij gaat niet naar deze winkel. Gelooft U mij niet? Waarom niet? Ik lieg niet. Die jas is van mij. De uwe hangt in die kast. Waar kopen ze hun jassen? Ze kopen hun jassen altijd in mijn winkel. Het is altijd koud in de winter. Leest uw moeder dit boek? Natuurlijk leest ze het.

d. Eat this bread. Do not read these books. The farmers are sowing their corn. We are not going to the office. Is he buying a coat? Is it cold in your room? Have you no fire? Stay here, do not go into the garden. Father is ill. He is staying in his room. Is this tobacco his? No, it (*die*) is mine.

CHAPTER VIII

THE PAST TENSE

102. The past tense of regular verbs is formed by adding *te, de*, and *ten, den* to the stem. As usual, final *n* is not pronounced. (Cf. § 47)

103. *te, ten* are added when the consonant preceding the ending *en* in the infinitive is strong.

hopen	to hope	*ik, je, hij, hoopte*	*wij, zij hoopten*
praten	to talk	*ik, je, hij, praatte*	*wij, zij praatten*
koken	to cook or boil	*ik, je, hij, kookte*	*wij, zij kookten*
vissen	to fish	*ik, je, hij, viste*	*wij, zij, visten*
lachen	to laugh	*ik, je, hij lachte*	*wij, zij lachten*

The doubling of the *t* when the stem already ends in this consonant does not affect the pronunciation. Thus *praten, praatte, praatten* are all pronounced alike, viz. **pra·tə.**

104. In all other cases *de* and *den* are added :

branden	to burn	*brandde*	*brandden*
malen	to grind	*maalde*	*maalden*
morren	to grumble	*morde*	*morden*
beven	to tremble	*beefde*	*beefden*
maaien	to mow	*maaide*	*maaiden*

Observe that *beefde* is pronounced **be·vdə.**

Present Participle

105. The present participle of *all* verbs is formed by adding *d* or *de* to the infinitive : *hopend(e), pratend(e), lachend(e),* hoping, talking, laughing. It is not often used in spoken Dutch (*v.* § 341).

Past Participle

106. The past participle of most *regular* verbs is formed by prefixing *ge-* to the stem and adding either *t* or *d*. *t* is added when the past tense adds *te*, *d* when *de* is added in the past tense.

gehoopt, hoped	*gebeefd,* **gəbe·ft,** trembled
gepraat, talked	*gemaaid,* **gəma·it,** mown

The past participles of *lachen* and *malen* are strong ı *gelachen, gemalen.*

107. Verbs with an *unstressed* prefix do not take *ge-* in the past participle :

beloven	to promise	*beloofd*
geloven	to believe	*geloofd*
veranderen	to change	*veranderd*

herinneren aan, **hɛr'ɪnərə,** to remind of
herinnerd, **hɛr'ɪnərt,** reminded

108. Verbs with a *stressed* prefix place *ge-* between the prefix and the verb to form the past participle :

'aanhalen	to quote	*'aangehaald*
'overhalen	to persuade	*'overgehaald*
'voorzeggen	to prompt	*'voorgezegd*

The Days of the Week

109. *zondag,* **'zɔndɑx**   *woensdag,* **'vu·nsdɑx**
    maandag, **'ma·ndɑx**   *donderdag,* **'dɔndərdɑx**
    dinsdag, **'dɪnsdɑx**   *vrijdag,* **'vrɛidɑx**
      zaterdag, **'za·tərdɑx**

Vocabulary

110.			
de zuster	**zœstər**	*zusters*	sister(s)
de minuut	**mi'ny·t**	*minuten*	minute(s)
de Noordzee	**no:rt'se·**		the North Sea
het ei	*eieren*	**ɛɪərə**	egg(s)

de angst	**ɑŋst**		fear, fright
de molenaar	**'moˑlənaːr**	*molenaars*	miller(s)
de kou	**kɔu**		cold (noun)
het verhaal, **vərhaˑl**, *verhalen*,		*genoeg*, **gənuˑx**, enough	
story(ies)		*je moet*, you must	
waarom, **vaːˈrɔm**, why		*te*, too	
ernstig, **ɛrnstəx**, serious		*zo*, so	
	om, at, about, in order to		

Translate

111*a*. Hoopte je dat? Zij hoopten het niet. Wie hoopte het? Hopende. Gehoopt. Uw zuster praatte te veel. Praat niet zoveel. Het water kookte. Kook die eieren drie minuten. Zij visten in de Noordzee. Hebben ze in de Noordzee gevist? Hij lachte om het verhaal, maar wij niet. Wij hebben niet gelachen. Waarom morde zij? Had ze niet genoeg geld? De kinderen beefden van angst. Beloof me dat. Geloofde hij ons? Je moet de andere kinderen niet voorzeggen. 23, 107, 100, 1000, 1780.

b. Did they hope it? I did not hope it. Who believed him? Did my brother talk too much? Who boiled these eggs? Did he fry those eggs? Do not laugh at that story. It is too serious. We are not laughing. Who grumbled? He has grumbled. Did the man grumble? Did the woman tremble with cold? The miller ground the corn. The fire was burning in my room; it was cold. She boiled the eggs five minutes. His sister reminded me of the story. You must not remind your friend of this story. He is ill and it is too serious. It is Sunday, and we are not going to school. Monday, Wednesday, Friday, Tuesday, Thursday, Saturday.

CHAPTER IX

STRONG VERBS

112. Strong verbs change the vowel of the stem in the past tense and the past participle. They have no ending in the past tense except *en* in the first and third persons plural. The past participle ends in *en*.

| *kiezen* | *koos* | *gekozen* | to choose |

Present.	Past Tense.	Past Participle.
ik kies	*koos*	*gekozen*
je kiest	*koos*	
hij kiest	*koos*	
wij kiezen	*kozen*	
zij kiezen	*kozen*	

To show the conjugation of these verbs it is sufficient to give three forms, as is done in English. The plural past tense will be added in case there is a change in the spelling or pronunciation.

113. Other strong verbs are ᴣ

blijven	*bleef-bleven*	*gebleven*	to remain
rijden	*reed-reden*	*gereden*	to ride, to drive
strijden	*streed-streden*	*gestreden*	to fight
bijten	*beet-beten*	*gebeten*	to bite
glijden	*gleed-gleden*	*gegleden*	to glide, slide
grijpen	*greep-grepen*	*gegrepen*	to seize, to grip
kijken	*keek-keken*	*gekeken*	to look

114. Write out the full present, past tense, and past participles of the above verbs.

Lists of strong verbs will be a regular feature of several of the ensuing chapters. They should be carefully memorized, and constantly revised.

The Names of the Months

115. *januari*, **jɑny'a·ri**   *juli*, **jy·li**
  februari, **fe·bry'a·ri**   *augustus*, **ɔu'gœstəs**
  maart, **ma:rt**   *september*, **sɛp'tɛmbər**
  april, **a'prɪl**   *oktober*, **ɔk'to·bər**
  mei, **mɛi**   *november*, **no'vɛmbər**
  juni, **jy·ni**   *december*, **de'sɛmbər**

Vocabulary

116. *de wandelstok*   *wandelstokken* walking-stick
  de hoed   *hoeden*   hat
  de kameel   **ka'me·l**   *kamelen*   camel
  de fiets   *fietsen*   bicycle
  de held   **hɛlt**   *helden*   hero
  de ezel   **e·zəl**   *ezels*   donkey

het strand, **strɑnt,** the sands   *pas op*, **pɑz'ɔp,** take care
ui, **lœi,** lazy   *ijs*, **ɛis,** ice
             naar, to, at

Translate

117a. Wij hebben het gekozen. Hij koos een wandelstok. Zij koos een hoed. Blijf hier. Waarom bleef zij thuis? Je moet thuis blijven. Waarom? Ik ben niet ziek. Ik heb eens in Egypte, **e'gɪptə,** op een kameel gereden. Hij reed op zijn fiets naar kantoor. Zij streden als helden voor hun vaderland. Pas op, die hond bijt. Hij beet het kind. Wij gleden op het ijs. Kijk, daar is je vader. Heb je gekeken?

b. We chose a walking-stick. She chooses a hat. She has chosen. Why do you stay at home? Must you stay at home? You are not ill. You are lazy. I rode on a donkey on the sands. Two donkeys! Look out! This dog bites. He has bitten. I was sliding on the ice. I looked at my mother. We have chosen. Did they seize a dozen bicycles? Seize that dog, he bites. No, he does not bite. Why is your brother so (zo) lazy? January, March, May, Wednesday, July, Thursday, September, Saturday, February, Sunday, June. These heroes have fought for their native country.

CHAPTER X

COMPOUND TENSES

118. The future tenses are formed with the auxiliary *zullen*, shall, in all persons. Note that English uses two auxiliaries, shall, and will.

The conjugation of *zullen* is as follows :

Present: *ik, hij zal; je, etc., zal, zult; wij, zij zullen.*
Present interrogative: *zal, zul je; zult, zal U; zullen jullie.*
Past Tense : *ik, je, hij zou; wij, zij zouden.*

Except in formal speech, *zouden* is pronounced **zɔuə,** the *d* being dropped (see § 123).

The future tenses of *rijden*, to ride, are therefore :

ik zal rijden, I shall ride,   *ik zou rijden*, I should ride,
etc.   etc.

119. The perfect tenses are formed with the auxiliaries *hebben*, to have, and *zijn*, to be.

The verb *zijn* itself is conjugated with the auxiliary *zijn*. The past participles of *hebben* and *zijn* are *gehad*, **gəhɑt,** and *geweest*, **gəveˑst.**

Present Perfect :	*ik heb gehad.*	I have had.
Past Perfect :	*ik had gehad.*	I had had.
Perfect Future :	*ik zal gehad hebben.*	I shall have had.
Pluperfect Future :	*ik zou gehad hebben.*	I should have had.
Present Perfect :	*ik ben geweest.*	I have been.
Past Perfect	*ik was geweest.*	I had been.
Perfect Future :	*ik zal geweest zijn.*	I shall have been.
Pluperfect Future :	*ik zou geweest zijn.*	I should have been.

Conjugate these verbs in full. Note the place of the infinitive *after* the past participle in the perfect future tenses.

120. The auxiliary *zijn* is also used in the perfect tenses of the verb *worden*, to become.

Ik ben geworden.	I have become.
Ik was geworden.	I had become.
Ik zal geworden zijn.	I shall have become.
Ik zou geworden zijn.	I should have become.

121. The auxiliary *zijn* is further used with many verbs expressing motion or change from one condition to another, such as *sterven* (p.p. *gestorven*), to die; *verdwalen* (p.p. *verdwaald*), to lose one's way; *gaan* (p.p. *gegaan*), to go; *vallen* (p.p. *gevallen*), to fall; '*opstaan* (p.p. '*opgestaan*), to get up.

Ze is gestorven.	She has died.
Wij waren verdwaald.	We had lost our way.
Ik ben gevallen.	I have had a fall.

Strong Verbs

122.	*worden*	*werd-werden*	*geworden*	to become
	sterven	*stierf-stierven*	*gestorven*	to die
	gaan	*ging-gingen*	*gegaan*	to go
	staan	*stond-stonden*	*gestaan*	to stand
	bieden	*bood-boden*	*geboden*	to offer, to bid
	verbieden	*verbood-verboden*	*verboden*	to forbid
	genieten van	*genoot-genoten*	*genoten*	to enjoy

123. The consonant **d** is dropped in spoken Dutch between a long vowel or diphthong and the vowel **ə**. Where necessary it is replaced by a short **i** or **j**. The spelling is, of course, always with a *d*.

snijden, gesneden, **snɛidən, gəsneˑdən** or **snɛiə, gəsneˑiə**
rijden, gereden, **rɛidən, gəreˑdən** or **rɛiə, gəreˑiə**

Dates

124. Dates are written and pronounced as follows:

20 januari, *twintig januari*   10 maart, *tien maart*

15 juni, *vijftien juni*　　25 september, *vijfentwintig*
28 april, *achtentwintig*　　　　*september*
　　april　　　　　　　　1 mei, *één mei*

Vocabulary

125.	*lezen*	*las-lazen gelezen*	to read
	de brief	*brieven*	letter
	de 'grootvader	*'grootvaders*	grandfather
	de 'grootmoeder	*'grootmoeders*	grandmother
	de gulden	*guldens*	guilder
	de krant	*kranten*	newspaper
	het jaar	*jaren*	year

gisteren, **gɪstərə,** yesterday　　*straks,* presently

Translate

126a. Ik zal de brief lezen.[1] Zult U de brief lezen? Hebben zij de brief gelezen? Zij zullen de brief niet gelezen hebben. Wie heeft de krant gelezen? Zal hij straks opstaan? Hij is opgestaan. Is ze gevallen? Ze zou gevallen zijn. Mijn moeder stierf in het jaar negentien honderd vijfenvijftig. Ik ben gisteren in London (**lɔndə**) geweest. Mijn grootvader verbood het. Zal mijn grootmoeder het verbieden? We reden op een ezel. Heb jij op een ezel gereden?

b. He has become (a) grandfather. He died. Did he die? Has he got up? He will get up. He would get up. Did you and your sister lose your way? He has lost his way. Has he gone? Will he go? We had gone. Shall we go? Did she go to London? Is she going to London? Have you forbidden? Do they forbid it? Will you forbid? Would you forbid? Did he bid a hundred guilder(s)? Will he bid? Would he have bid? She went to Paris (Parijs, **paˈrɛis**). Will you go to Brighton?

[1] For the word-order in these exercises, *see* Chapter XV.

CHAPTER XI

KUNNEN—PLURAL OF NOUNS

127. The verb *kunnen*, can, may, to be able, is conjugated as follows:

Present: *ik, hij, kan*
   wij, zij, kunnen
   je, U, kan, kunt
   jullie kunnen
   kan, kun je; kan, kunt U
   kunnen jullie

Past Tense: *ik, jij, hij, kon*
    wij, zij, konden

Past Participle: *gekund*

128. *Kunnen* translates both 'can, to be able', and 'may, to be possible'.

Ik kan het niet doen.	I cannot do it.
Hij kon niet gaan.	He could not go.
Ik zal niet kunnen gaan.	I shall not be able to go.
Hij kan nog (nɔx) komen.	He may still come.
Het kan waar zijn.	It may be true.

129. The past participle *gekund* is only used in the perfect tenses when no infinitive follows:

Ik heb het niet gekund. I have not been able to do it.

When an infinitive follows, we must use the infinitive *kunnen* instead of *gekund*.

Ik heb het niet kunnen doen. I have not been able to do it.

Plural of Nouns

130. Nouns which have a short vowel in both singular

and plural, and which end in a single consonant, double the consonant in the plural :

het bed, bedden, bed   *de heg,* **hɛx,** *heggen,* hedge
het hek, hekken, gate, railing   *de das, dassen,* tie

131. When the short vowel of the singular becomes long in the plural, the consonant is not doubled :

het dak, **ɑ,** *daken,* **a·,** roof   *het spel,* **ɛ,** *spelen,* **e·,** game
het schip, **ɪ,** *schepen,* **e·,** ship   *het glas,* **ɑ,** *glazen,* **a·,** glass
de stad, **ɑ,** *steden,* **e·,** town   *de weg,* **ɛ,** *wegen,* **e·,** road
              de smid, **ɪ,** *smeden,* **e·,** smith

Strong Verbs

132.			
kiezen	*koos-kozen*	*gekozen*	to choose
liegen	*loog-logen*	*gelogen*	to tell lies
schieten	*schoot-schoten*	*geschoten*	to shoot, to fire
vliegen	*vloog-vlogen*	*gevlogen*	to fly
vriezen	*vroor-vroren*	*gevroren*	to freeze
verliezen	*verloor-verloren*	*verloren*	to lose

Ordinal Numbers

133.					
eerste	1ste	first	*tweede*	2de	second
derde	3de	third	*vierde*	4de	fourth
vijfde	5de	fifth	*zesde*	6de	sixth, etc.

achtste	8ste	eighth
twintigste	20ste	twentieth
vijfendertigste	35ste	thirty-fifth
honderdste	100ste	one-hundredth

ten eerste, ten tweede, ten derde, etc.   firstly, secondly, thirdly.

in het eerst, at first   *op het laatst,* at last

Vocabulary

134.		
de 'olifant	*'olifanten*	elephant
de verjaardag	**vər'ja:rdɑx**	birthday
de plaats	*plaatsen*	place

gemakkelijk	**gəmɑkələk**	easy, easily
het 'ziekenhuis		hospital
Nederlands(e)	**'ne:dərlɑnts(ə),**	Dutch
geen	no	*morgen* to-morrow
eens	once	*ooit* ever
nooit	never	*langs* along

Translate

135*a*. Je kan niet verdwalen, de weg is gemakkelijk te vinden. Ik kan niet gaan, ik heb geen tijd. Ik zal morgen kunnen gaan. Het kan niet waar zijn, ik geloof het niet. Zullen we kunnen rijden? Kan je op een kameel rijden? Nee, maar ik heb eens op een olifant gereden. Lieg niet. Loog zij? Heeft hij gelogen? Zou hij gelogen hebben? Hebben jullie geschoten? Het vriest. Hij heeft één schip, maar wij hebben drie en veertig schepen. De daken van de huizen van onze stad. Twaalf Nederlandse steden. Kan hij dat niet? Het is zo gemakkelijk. Het is zaterdag, achttien april, zij kan nog komen. Ik verloor tien gulden, maar zij heeft honderd vijfentwintig gulden verloren. Twee juni, zestien honderd zestig. Dinsdag, zevenentwintig januari, negentien honderd tweeënzestig.

b. They cannot lose their way. I chose a tie. They have two dozen ties. Did your grandmother choose five dozen spoons and forks? Do not lie! Did he fly to Amsterdam? Has he flown from Amsterdam to Paris? We flew from London to Paris. I have never flown. Have you ever flown? It is freezing hard. It froze at first. In the first place. In the second place. Five ships. Eleven towns. The roofs of the houses. The roof of our house. This hospital has one hundred and ninety-three beds. The hedges along the roads. It is winter; it is cold, and it is freezing. Did they fire? Why did they fire? I do not believe it. Yes, they have fired. The first day of the year is the first of January.

CHAPTER XII

MOGEN—WILLEN—MOETEN

136. The verb *mogen*, ' may, to be allowed ', is conjugated as follows :

Present : *ik, hij, mag*
    wij, zij, mogen
    je, U, mag
    jullie mogen
    mag je ; mag,
    moogt U

Past Tense : *ik, jij, hij, mocht*
    wij, zij, mochten
Past Participle : *gemoogd*

Je mag nu gaan.   You may go now.
Wij mochten kiezen.   We were allowed to choose.
Het zal niet mogen.   It will not be allowed.

137. The past participle *gemoogd* is only used in the perfect tenses, when no infinitive follows :

Zij heeft niet gemoogd.   She has not been allowed to do it.

When an infinitive follows, which is generally the case, we must use the infinitive *mogen* instead of *gemoogd*.

Zij heeft dat niet mogen doen.   She has not been allowed to do it.

Willen

138. The verb *willen*, ' will, to want ', is conjugated as follows :

Present : *ik, hij, wil*
    wij, zij, willen

Past Tense : *ik, jij, hij, wou,*
    wilde

je wil; *U wilt*   *wij, zij, wilden*
jullie willen   Past Participle: *gewild*
wil je; *wilt U*

Hij wil het niet zeggen.   He will not say.
Wou je het liever niet zeggen? Would you rather not say?

139. The past participle *gewild* is only used in the perfect tenses, when no infinitive follows:

Hij heeft niet gewild.   He would not do it.

When an infinitive follows, we must use *willen* instead of *gewild*.

Hij heeft het niet willen   He would not do it.
doen.

Moeten

140. The verb *moeten*, 'must, to be obliged', is conjugated as follows:

Present: *ik, jij, hij, moet*   Past Tense: *ik, jij, moest*
   U moet   *wij, jullie, zij, moesten*
   wij, jullie, zij, Past Participle: *gemoeten*
   moeten

U moet nu gaan.   You must go now.
Hij moest wel vertrekken. He simply had to go (to depart).

141. The past participle *gemoeten* is only used in the perfect tenses, when no infinitive follows:

Ik'wou eerst niet, maar ik   I did not want to at first,
heb wel ge'moeten.   but I simply had to.

When an infinitive follows, we must use the infinitive *moeten* instead of *gemoeten*.

Hij heeft moeten vertrekken.   He has been obliged to leave

142. *Moest, moesten*, also translate the English ' should ', ' ought to '.

Je moest hier niet roken.	You should not smoke here.
Hij moest dat niet doen.	He ought not to do that.

143. The verbs *kunnen*, *mogen*, *willen*, and *moeten* can be used without a following infinitive in a way which is not possible in English. In most instances the verb *gaan*, ' to go ', is understood :

Je kan mee, als je wilt.	You may come if you like.
Je mag mee.	You may come with us.
Ik wil niet naar huis.	I do not want to go home.
Hij mag niet naar kantoor.	He is not allowed to go to the office.
Je moet naar bed.	You must go to bed.

Plural of Nouns

144. Singular nouns ending in *f* or *s*, preceded (*a*) by a long vowel or diphthong, or (*b*) by one of the consonants *r*, *l*, *m*, *n*, change *f* and *s* into *v* and *z* in the plural.

(*a*) *de haas*	*hazen*	hare
het huis	*huizen*	house
de neef	*neven*	cousin, nephew
(*b*) *de werf*	*werven*	ship yard, wharf
de golf	*golven*	wave
de gems	*gemzen*	chamois
de gans	*ganzen*	goose

kalf, calf, has a plural *kalveren*.

Words of foreign origin mostly keep *f*, and *s* :

de kans, *kansen*, chance	*de lans*, *lansen*, lance
de tri'omf, *tri'omfen*, triumph	

Strong Verbs

145. *buigen*	*boog-bogen*	*gebogen*	to bow, to bend
druipen	*droop-dropen*	*gedropen*	to drip

duiken	*dook-doken*	*gedoken*	to dive
fluiten	*floot-floten*	*gefloten*	to whistle
kruipen	*kroop-kropen*	*gekropen*	to creep
ruiken	*rook-roken*	*geroken*	to smell

Time

146. *het is één, twee, vier, elf uur.* — It is one, two, four, eleven o'clock.

Note.—*Het is half één.* — It is half past twelve.

Het is half twee. — It is half past one.

Het is half drie. — It is half past two.

Het is half vier. — It is half past three.

Het is half elf. — It is half past ten, etc.

Vocabulary

de 'winterjas, winter overcoat

de 'duikboot, -boten, submarine(s)

het neefje, young cousin, nephew

het dek, deck

ieder, each

kopen, kocht, gekocht, to buy

misschien, mə'sxi·n, perhaps

de koe, koeien, cow(s)

de slang, snake

het zusje, zœ∫ə, little sister

kleren, clothes

de mazelen, measles

beleefd, polite

verdwijnen, verdween, verdwenen, to disappear

onder, beneath

's middags, 'smɪdɑxs, in the afternoon

Translate

147a. Mag je niet naar school? Neen, mijn zusje heeft de mazelen. Hij mocht niet naar kantoor, want hij was verkouden. Waarom wil je niet naar het circus ('sɪrkəs)? Ze wilden het niet zeggen. Hij wou wel, maar zijn vrouw wou niet. Wie wil er mee naar Parijs? Wil jij mee Willem? Ik zal morgen een winterjas kopen. Kocht hij een winterjas? Ja, hij heeft een winterjas gekocht. Je moest dat niet zeggen, dat is niet beleefd. De boer had twee koeien en vier kalveren. Vier huizen met zes kamers ieder. Wat wil je van me? Ik ga morgen met mijn neefjes naar het circus. Is het twee uur? Nee, het is half drie. Het is zes uur. Het is half twaalf. Maandag, twee oktober, zeventien honderd vijf, half vier 's middags. Twee honderd vijfendertig. De derde, vierde, vijfde. Achtentwintig mei. De honderdste dag van het jaar.

b. The submarine dived and disappeared beneath the waves. The water was dripping from his clothes. The snake crept through the grass. He may go now. She has not been allowed to go. They were allowed to choose. Is it half past four? No, it is half past six. She has died. My little cousin has the measles. She died at half past one in the afternoon. Buy these cows. We bought eleven cows and twelve calves. What does he want? Does he want fifteen thousand guilders for his house and garden? My uncle shot two hares. You may come with us. Do you want to come with us? He may come, if he likes. Doesn't your sister want to go home? You must go to bed, you have the measles.

CHAPTER XIII

ADJECTIVES

148. Adjectives may be used predicatively, *i.e.* after the verb ' to be ' and some other copulas. In this case they are not inflected :

Dat is goed.	That is all right.
Het paard is bruin.	The horse is brown.
Hij schijnt ziek te zijn.	He seems to be ill.

     Schijnen, scheen-schenen, geschenen, to seem.

They may also be used attributively, *i.e.* before the noun. In this case they generally take the ending *e*, pronounced ǝ.

een goede man, a good man
dit goede kind, this good child
goede boeken, good books

een goede vrouw, a good woman
dat goede boek, that good book

    jonge kinderen, young children

149. The attributive adjective does not take the ending *e* before singular neuter nouns preceded by *een*, or standing alone :

een jong kind, a young child
een oud paard, an old horse

een goed boek, a good book
oud brood, old bread

150. The attributive adjective also remains unchanged before singular neuter nouns, when they are preceded by one of the following pronouns :

geen, no
menig, many a

zo'n, such a
ieder, elk, each

welk, which   *veel*, much

geen oud brood, no old bread   *zo'n jong kind*, such a young
menig oud paard, many an   child
   old horse   *elk goed dak*, every good
veel zuur bier, much sour beer   roof

151. Adjectives ending in *f* and *s* undergo the same changes as the nouns discussed in § 144 :

boos   *boze*   angry   *vies*   *vieze*   dirty
braaf   *brave*   good, honest   *lief*   *lieve*   sweet, dear

152. Single consonants after a short vowel are doubled before the ending *e* :

laf, laffe, cowardly   *log, lɔx, logge, lɔgə,* unwieldy

153. When the *s* of an adjective is a suffix, it does not change to *z* when *e* is added :

Frans, Franse, French   *Engels, Engelse*, English

154. Material adjectives in *en* never take an inflectional *e* :

   houten, wooden   *wollen*, woollen
   gouden, gold(en)   *zilveren*, silver

155. Adjectives used as nouns take *e* in the singular and *en* in the plural :

een zieke, a sick person   *de zieken*, the sick
een blinde, a blind person   *blinden*, blind people
deze arme, this poor person   *alle armen*, all poor people

156. In English an adjective used without a noun, but referring to a noun mentioned before, is generally followed by the word ' one '. This is not done in Dutch :

Je mag mijn oude jas houden,   You may keep my old coat,
   ik heb nu een nieuwe.   I have a new one now.

Strong Verbs

157.
zuigen	*zoog-zogen*	*gezogen*	to suck
binden	*bond-bonden*	*gebonden*	to bind
drinken	*dronk-dronken*	*gedronken*	to drink
zinken	*zonk-zonken*	*gezonken*	to sink
beginnen	*begon-begonnen*	*begonnen*	to begin
winnen	*won-wonnen*	*gewonnen*	to win

Time

158. *het kwar'tier*   the quarter of an hour

het is kwart voor een	12.45	*kwart over een*	1.15
om kwart voor twee	at 1.45	*om kwart over twee*	at 2.15
om kwart voor zes	at 5.45	*om kwart over acht*	at 8.15

Vocabulary

159. *lusten*, to like (of food)
houden van, to like
'uitleggen, to explain
de 'leeftijd, age
de som, sum
de 'leraar, teacher
de Theems, **te·ms,** the Thames
de mist, fog
de trouwring, **'trouriŋ,** wedding-ring
het broertje, little brother
Frankrijk, **'fraŋkrɛik,** France
dik, thick
wit, white

drinken op, to drink to
de kerel, **ke:rəl,** fellow
er 'bij zijn, to be present
de maand, month
de grootheid, **gro·thɛit,** greatness
de diamant, **dia'mant,** diamond
grote mensen, grown-ups
het volkslied, **'volksli·t,** national anthem
zeg ! I say !
even, **e·və,** just
ja'wel! yes, sure!
zwart, black
groot, big, great

de fiets, bicycle

wild, **vɪlt**, wild

moeilijk, **mu·ilək**, difficult, hard

prachtig, **'praxtəx**, splendid
verschrikkelijk, **vər'srɪkələk.**
terrible(bly)

Translate

160*a*. Kan je om kwart over negen hier zijn? Mijn verjaardag is op dertig juli; mijn moeder heeft me een
nieuwe fiets beloofd. Ik zal mijn oude aan mijn broertje
geven. Lust je oud brood? Waarom was hij boos? Ik
houd niet van boze mensen. Wat een lief kindje! Hoe
oud is het? Negen maanden? Het is groot voor zijn
leeftijd. Wees niet zo laf. Wat een laffe kerel ben jij.
Zeg, Piet, die sommen van jou zijn erg moeilijk. Kan je
me even helpen? De eerste som is niet zo moeilijk, maar
de tweede en de derde zijn verschrikkelijk. Heeft de leraar
ze niet uitgelegd? Jawel, maar ik was er niet bij. Ik
was thuis met griep. Er zijn deze maand veel zieken.

b. He sang the French national anthem. The ship *has*
sunk (use *to be*). It sank in the Thames on Monday, the
16th of August, at a quarter past eleven in a thick fog.
He drinks no milk. He says milk is all right for children,
but not for grown-ups. You may keep my old bicycle, I
have a new one. Is this bicycle new? Yes, it is a new
bicycle. Every brown horse; this black horse; the white
horses; brown horses. A big elephant; two big elephants;
this wild elephant. She had a gold wedding-ring with a
splendid diamond. She began. She has (*is*) begun.
Will you begin? We have won. We shall win. That is
all right. We drank beer from (*uit*) thick glasses. Grown-
ups do not drink much milk, but milk is good for children.
I won a hundred and ten guilders, but my poor wife lost.
Woollen socks. Silver spoons and forks. A wooden
cupboard.

CHAPTER XIV

COMPARISON

161. Dutch adjectives may be freely used as adverbs without any change of form. *Dapper* is both ' brave ' and ' bravely '; *zwaar* is both ' heavy ' and ' heavily '.

The endings of the comparative and superlative of adjectives and adverbs are *er* and *st*.

mooi		*mooier*	*mooist*	beautiful(ly)
lelijk	**le·lək**	*lelijker*	*lelijkst*	ugly

162. These endings are freely added to adjectives of more than two syllables :

ellendig	ɛ'lɛndəx	*ellendiger*	*ellendigst*	miserable(bly)

163. Comparatives and superlatives are inflected like simple adjectives. Changes of spelling and pronunciation are the same.

lief	*liever, lievere*	*liefst, liefste*

164. Adjectives ending in *r* add *der* for the comparative ;

zwaar	*zwaarder*	*zwaarst*	heavy
dapper	*dapperder*	*dapperst*	brave

165. Adjectives ending in *s* add *t* only for the superlative :

wijs	*wijzer*	*wijst*	wise

166. The following are irregular :

goed, beter, best	good, better, best
veel, meer, meest	much, many, more, most
weinig, minder, minst	{ little, less, least { few, fewer, fewest

59

167. When comparing two persons or things, **Dutch uses** not the comparative but the superlative :

Wie van jullie twee is de langste?	Which of you two is the taller?

168. The adverbial superlative is preceded by *het* ı

Hij werkt het hardst(e).	He works hardest.
Ik wacht het langst(e).	I have waited longest.

169. *The . . . the* is translated by *hoe . . . hoe* ı

Hoe meer je drinkt, hoe warmer je het krijgt.	The more you drink, the hotter you get.

170. *As . . . as* is translated by *even . . . als*, or *net zo . . . als* :

Ze is even rijk als haar tante (tɑntə).	She is as rich as her aunt.
Ik ben net zo oud als jij.	I am just as old as you.

Plural of Nouns

171. The following nouns form their plural by adding *s* :

    a. diminutives : *huisjes*
    b. most words in *el, em, en, er, aar, aard*

lepels, **le·pəls,** spoons	*bezems,* **be·zəms,** brooms
wagens, waggons	*werkers,* workers
leugenaars, **'lø·gəna:rs,** liars	*grijsaards,* **'grɛiza:rts,** grey-beards, old men

    c. the words *tante* and *dame,* **da·mə.**
    d. words in *ie* add *s* and sometimes *n.*

tralie, **'tra·li,** *tralies,* bars to windows or cages
provincie, **pro'vɪnsi,** *provincies, provinciën,* **pro'vɪnsiən,** province(s), county(ies)

    e. words ending in *a, o, u,* generally take **'s** :

massa's, **masa·s,** masses   *piano*'s, **pi'a·no·s,** pianos
paraplu's **para'ply·s,** umbrellas

f. The plural of *zee*, sea, *knie*, knee is *zeeën*, **ze·iən,** *knieën*, **kni·ən.** Note that the *k* in the combination *kn* is pronounced.

g. the plural of *koe* is *koeien*.

Strong Verbs

172. *zenden*	*zond-zonden*	*gezonden*	to send
zwemmen	*zwom-zwommen*	*gezwommen*	to swim
smelten	*smolt-smolten*	*gesmolten*	to melt, **to** smelt
versmelten	to melt down		
melken	*molk-molken* *melkte-melkten*	*gemolken*	to milk
zwellen	*zwol-zwollen*	*gezwollen*	to swell
vechten	*vocht-vochten*	*gevochten*	to fight

Time

173. *minuut,* **mi'ny·t,** *minuten,* **mi'ny·tə,** minutes

vijf minuten over een	1.5	*vijf minuten voor een*	12.55
twaalf minuten over vijf	5.12	*tien minuten voor zes*	5.50

But note :

vijf minuten voor half twee	1.25	*tien minuten over half vier*	3.40
een minuut voor half zes	5.29	*drie minuten over half acht*	7.33

Vocabulary

174. *duur*, dear, expensive
donker, dark
prettig, pleasant
lichtbruin, light brown
beleefd, polite

de ketel, **ke·təl,** kettle
de bedelaar, **'be·dəla:r,** beggar
de gierigaard, **'gi:rəga:rt,** miser
de bladzijde, **'blatsɛidə,** page

het geld, money
de vijand, **'vɛiɑnt,** enemy
de neger, **ne·gər,** negro
de Javaan, **ja'va·n,** Javanese
de rivier, **ri'vi:r,** river

Hoe laat is het? What is the time?
de mens, man
mensen, people
naar de markt, to market
het zwembad, swimming-baths

Translate

175*a*. Mijn boek is mooier dan het uwe. Uw fiets is duurder dan de mijne. Wat een lelijk huis ! Het is het lelijkste huis dat ik ooit gezien heb. Negers zijn donkerder dan Javanen. Javanen zijn lichtbruin. De Hoogstraat is de langste straat van onze stad. Welk van die twee boeken is het dikste? Het ene heeft tweehonderd bladzijden, en het andere meer dan driehonderd. Maar het papier (**pa'pi:r**) van het tweede boek is veel dunner. Weinig mensen, minder melk, weinig geld. Hij heeft veel minder geld dan ik. Hoe meer geld hij verliest, hoe armer hij wordt. Hoe laat is het? Het is vijf minuten over half negen. Neen, het is kwart over negen.

b. The farmer milked his cows and sent the milk to market. They fought bravely, more bravely than the enemy. They sent the parcel (*pakje*) to their friends in the province (of) Groningen (**gro·nəŋə**). She swam in the river. Did they swim in the swimming-baths? Knees, seas, umbrellas, masses, beggars, misers, kettles. Holland (*Nederland*, **'ne·dərlant**) has eleven provinces. My aunts are older than my father and mother. My eldest brother is as tall as my father. They may come if they like (*willen*). It may be true, but I cannot believe it. My mother is poorer than her two sisters. This miser has more money than I shall ever have. Why did you buy the dearest umbrella in the shop? How many pages has this book? Three hundred and twenty-five. What is the time? It is twenty-six minutes past five.

CHAPTER XV

ORDER OF WORDS

176. In a simple Dutch sentence with a simple verb the word-order may be the same as in English :

Ik gaf de bedelaar wat geld.   I gave the beggar some money.

Word-order : subject, verb, indirect object, direct object.

177. When, however, the sentence opens with some word which is not the subject—a construction which is very usual in Dutch—the subject is at once placed *after* the verb :

Gisteren gaf ik de bedelaar wat geld.	I gave the beggar some money yesterday.
Morgen gaan we niet naar school.	We are not going to school to-morrow.
In Holland eten we geen spek bij het ontbijt (ɔnt'beit).	We do not have bacon for breakfast in Holland.
Boter verkopen we hier niet.	We do not sell butter here.

178. Of course the word-order subject plus verb might have been preserved. We might have said :

We gaan morgen niet naar school.   *We eten in Holland geen spek bij het ontbijt.*

We verkopen hier geen boter.

But, even so, the word-order is not the same as in English.

In the first of these three sentences the adjunct of time, *morgen*, is placed before the negative *niet*, and before the adjunct of place *naar school*. In English an adjunct of time is placed after, not before, an adjunct of place :

We are not going to school to-morrow.

In the second sentence the adjunct of place, *in Holland*, is placed between the verb and the object. In English, on the other hand, it is extremely rare for the verb and the object to be separated by anything whatever.

In the third sentence it is the word *hier* which separates verb and object. This again would be impossible in English.

179. When the verb is *compound*, i.e. when it consists of one or more auxiliaries followed by a past participle or an infinitive, this participle or infinitive must be placed at the end of the sentence :

180. Participles :

Ik heb hem gezien.	I have seen him.
Ik heb hem gisteren gezien.	I saw him yesterday.
Ik heb hem gisteren niet gezien.	I did not see him yesterday.
Ik heb hem gisteren in de stad gezien.	I saw him in town yesterday.
Ik heb hem gisterenmorgen om half elf in de stad gezien.	I saw him in town yesterday morning at half past ten.

181. Infinitives :

Ik zal haar spreken.	I shall speak to her.
Ik zal haar niet spreken.	I shall not speak to her.
Ik zal haar morgen spreken.	I shall speak to her to-morrow.

Or with the subject after the auxiliary :

Gisteren heb ik haar niet gezien.	I did not see her yesterday.
Luie mensen zal ik nooit helpen.	I will never help lazy people.

182. The rule even holds good when a verb of full meaning is followed by an infinitive, which is itself accompanied by one or two objects. Still the infinitive comes at the end :

Hij weigert mij geld te geven.	He refuses to give me money.

Plural of Nouns

183. The following neuter nouns form their plurals by adding *eren* to the singular :

het	lam	lammeren	lamb	het	been	beenderen	bone
het	ei	eieren	egg	het	kind	kinderen	child
	het	kalf	kalveren	calf

Been, meaning ' leg ', has a plural *benen*.

Strong Verbs

trekken	trok-trokken	getrokken	to draw, pull
schrikken	schrok-schrokken	geschrokken	to be startled
sterven	stierf-stierven	gestorven	to die
werpen	wierp-wierpen	geworpen	to throw
helpen	hielp-hielpen	geholpen	to help

Vocabulary

de boterham, 'bo·təram, slice of bread and butter
bestaan uit, to consist of
het eten, dinner, food
komen, to come
fietsen, to cycle
'*koffiedrinken*, to lunch
tweemaal per dag, twice a day
morgen, to-morrow
de morgen, morning
de avond, a·vɔnt, evening
kaas, cheese

'*s avonds*, sa·vəns, in the evening
'*s morgens*, in the morning
ver, verder, verst, far, etc.
licht, light
Engels, ɛŋəls, English
nog een, another
iedereen, everybody
langzaam, 'laŋsa·m, slow(ly)
tram, trɛm, tram
'*inbinden*, to bind (a book)

Translate

184a. Een Hollands ontbijt bestaat uit gekookte of gebakken eieren, kaas, broodjes of boterhammen, en thee. Thee drinken de meeste mensen tweemaal per dag, 's morgens bij het ontbijt, en 's avonds na het eten. Komt U morgen-avond bij ons theedrinken? Komt U morgen bij ons koffie-drinken? Wij drinken om half een koffie. Mijn man

komt nooit thuis koffiedrinken. Zijn kantoor is te ver
van ons huis. Het is verder dan de school van de kinderen.
Zij komen op de fiets naar huis om koffie te drinken. Jan
is gisteren op zijn fiets naar den Haag (dɛn 'ha·x) gereden.
Zij hebben dapper voor hun vaderland gestreden. Had
de hond het kind in de hand gebeten? We stonden met
ons zusje naar de brand (fire) te kijken. We zullen het
brood moeten snijden. Ik ben met mijn vrouw en kinderen
naar Amsterdam geweest. Hij is in het bos (wood) verdwaald. Haar oom is gisteren om elf uur gestorven.
Maandag ga ik naar Londen. Dinsdag vliegt hij naar
Parijs. Ik heb het niet gekund. De slang is door het
gras naar de boom (tree) gekropen.

b. They will bind the book. We have drunk good tea.
We have never drunk better tea. The ship has sunk in the
Thames. We have won much money. The farmer will
milk the cows. The boys have fought in the street (*op
straat*). Will you help me? I will help you at two
o'clock to-morrow. He refuses to give us money. He
has refused to give us money. We do not have bacon for
breakfast in Holland. A Dutch breakfast consists of eggs,
cheese, and bread. It is lighter than an English breakfast.
Would you like another cup of tea? Will you come to
lunch to-morrow? My office is much further than yours.
I always cycle to my office; the tram is too slow for me.
Everybody cycles in Holland.

CHAPTER XVI

ORDER OF WORDS—SEPARABLE VERBAL PREFIXES

185. In subordinate clauses the verb is always placed at the end :

Als ik hem zie, zal ik het hem   If I see him I will tell him.
  zeggen.

186. When the verb in the subordinate clause is *compound*, the conjugated auxiliary may generally precede or follow the past participle or infinitive :

Ik beloof je, dat ik hem zal
  'waarschuwen.
Or : *Ik beloof je, dat ik hem*   I promise you that I will
  'waarschuwen zal ('va:r-   warn him.
  sxy·və).

187. But when the conjugated verb is one of full meaning, it must precede the infinitive :

Ik hoor, dat hij niet denkt te   I hear he does not intend to
  komen.   come.
And not : *te komen denkt.*

Separable Verbal Prefixes

188. Many verbs have a strong-stressed prefix, whose original meaning is clearly felt. In this case prefix and verb are one in two cases only : in the infinitive, and in subordinate clauses. As an example take the two verbs *'ondergaan*, ' to set ', and *onder'gaan*, ' to undergo '. The second of these verbs is conjugated like any other verb. As the prefix is not stressed, the prefix *ge-* of the past participle is omitted (§ 107) :

Hij onder'ging een operatie (opə'ra·tsi).	He underwent an operation.
Hij heeft een operatie onder-'gaan.	He has undergone an operation.

The stressed prefix of the verb *'ondergaan*, on the other hand, follows the verb in the present and past tenses, and is separated from it by the prefix *ge-* in the past participle :

De zon gaat in het westen 'onder.	The sun sets in the west.
De zon is 'ondergegaan.	The sun has set.

But there is no separation in subordinate clauses :

Als de zon 'ondergaat, wordt het donker.	When the sun sets, it grows dark.

189. The number of these verbs with stressed separable prefixes is very large. Only a few examples can here be given :

lokken, to lure	*'aanlokken,* to allure, to attract
halen, to draw, fetch	*'aanhalen,* to quote
	'inhalen, to overtake
breken, to break	*'afbreken,* to break off, demolish
	'inbreken, to break in
stellen, to place	*'voorstellen,* to propose
spreken, to speak	*'afspreken,* to make an appointment, to arrange
keuren, to test	*'goedkeuren,* to approve of
	'afkeuren, to disapprove of
wensen, to wish	*ge'lukwensen met,* to congratulate on
zingen, to sing	*het 'uitzingen,* to see it through

Strong Verbs

190.			
nemen	*nam-namen*	*genomen*	to take
bevelen	*beval-bevalen*	*bevolen*	to command
stelen	*stal-stalen*	*gestolen*	to steal
breken	*brak-braken*	*gebroken*	to break
spreken	*sprak-spraken*	*gesproken*	to speak
komen	*kwam-kwamen*	*gekomen*	to come

Vocabulary

191. *de 'firma*, firm
de fir'mant, partner [1]
de vaca'ture, vacancy
'aanbevelen, to recommend
de ban'kier, banker
de 'aanbeveling, recommendation
de hoop, hope
de hulp, help
de tijd, time
de direc'teur, manager
het suc'ces, success
het geval, case
het gesprek, conversation
het horloge, **hɔr'loˑzə,** watch

de remise, **rə'miˑzə,** remittance
'opbellen, **'ɔbɛlə,** to ring up
'uitroepen, to exclaim
'voorstellen, to propose
verwachten, to expect
'opstaan, to get up
begrijpen, to understand
morgen'avond, to-morrow evening
gelukkig, **gə'lœkəx,** fortunate(ly)
plotseling, suddenly
mijnheer, **mə'neːr,** sir
binnen, in, within, inside
tot, until
erg, very much (adv.)
onmiddellijk, **ɔ'mɪdələk,** immediately

op de hoek, at the corner

Translate

192a. Morgen ga ik naar Rotterdam, en als ik de oudste firmant van de firma Smits & Zoon mocht spreken, zal ik U als Engelse correspon'dent aanbevelen. Ik weet, dat

---

[1] The stress-marks must not be copied in writing. Where they divide a word, the word should be written as one.

ze een vacature hebben. Ik stel U voor mij morgenavond
om acht uur op te bellen. Dan zal ik U kunnen zeggen of
mijn 'aanbeveling succes heeft gehad. Gelukkig kent U
goed Hollands. Als dat niet het geval was, zou ik U niet
veel hoop kunnen geven. Plotseling brak hij het gesprek
af, en riep uit : Ik heb uw hulp niet nodig, mijnheer !
Binnen een week verwacht ik een remise van mijn bankier,
en tot die tijd kan ik het wel uitzingen. De zon is onder,
het wordt donker. Het plan lokte me niet erg aan, maar
ik vond het wijzer het gesprek niet onmiddellijk af te breken.

b. He has undergone a serious operation. I shall warn
him. We shall not warn him. We shall not be able to
warn him. You will be allowed to warn him. Are they
not willing to warn him? We overtook her at the corner.
We have overtaken her at the corner. He is overtaking
us. Has he stolen your gold watch? He would have
stolen your gold watch. They stole all the silver forks
and spoons. When he got up and broke off the conversation, I understood that I had no chance. He broke off
the conversation. Why has he broken off the conversation? The manager approved of my plan. I was afraid
that he would disapprove of it. Why should he disapprove
of it? It is a very good plan. He always disapproves of
what I propose. What did you propose? I congratulate
you on your success. We have congratulated her. Will
you congratulate him? Who has congratulated you?

CHAPTER XVII

THE PASSIVE VOICE

193. Dutch has two auxiliaries to form the passive voice, *worden* and *zijn*. *Worden* is used in the present, the past tense, the present future, and the past future. *Zijn* is used in the perfect tenses.

Het ei wordt gekookt.	The egg is (being) boiled.
Het ei werd gekookt.	The egg was (being) boiled.
Het ei zal gekookt worden.	The egg will be boiled.
Het ei zou gekookt worden.	The egg would be boiled.

Perfect tenses:

Het ei is gekookt.	The egg has been boiled.
Het ei was gekookt.	The egg had been boiled.
Het ei zal gekookt zijn.	The egg will have been boiled.
Het ei zou gekookt zijn	The egg would have been boiled.

194. Before proceeding to the next three paragraphs these eight forms should be carefully committed to memory. Once the student really knows them, the rest will prove easy.

195. It is obvious that the use of *zijn* in the perfect passive tenses is likely to prove a stumbling-block. Thus the sentence *het kind is gewassen* naturally suggests ' the child is washed '. But what it actually means is ' the child has been washed '. ' The child is washed ' would be *het kind wordt gewassen*.

196. Again, *het schip is gezonken* looks like ' the ship is sunk '. But *zinken* is one of those verbs which take *zijn*

in the active perfect tenses (§ 121). The sentence is not passive at all, and simply means ' the ship has sunk '.

197. Lastly there are many cases where *zijn* followed by a past participle is simply a copula, and not the auxiliary of the passive voice :

Het huis is van steen ge-   The house is built of stone.
    bouwd (**gəbout**).
Wij zijn verloren.   We are lost.

198. Note that the *indirect object* cannot be made the subject of the passive voice. Thus ' I have been given good advice ', which means ' good advice has been given *to* me ', is translated :

Er is mij goede raad gegeven.

Again, ' the dog was given a bone ' (a bone was given *to* the dog) would be : *De hond kreeg een been* (*krijgen* : to get), or *ze gaven de hond een been.*

199. We may add that Dutch has an impersonal passive introduced by *er*, which cannot be translated literally at all :

Er werd gedanst.   There was dancing.
Er is geschoten.   Shots have been fired.
Er wordt geklopt.   There is a knock at the door.
Er werd gebeld.   There was a ring at the door.
Er wordt vandaag niet ge-   There will be no cooking
    kookt.   done to-day.

Plural of Nouns

200. Words ending in -*heid* (**hɛit**) form their plural in *heden* (**he·də**).

aardigheid	**'a:rdəxeit**	*aardigheden*	joke(s)
nieuwigheid	**ni·vəxɛit**	*nieuwigheden*	novelty(ies)

The Word *het* after Prepositions

201. *Het* is not used after prepositions. Instead of a preposition followed by *het* we use *er* followed by an adverb :

Denk eraan.	Think of it ; remember !
Hij woonde erin.	He lived in it.
Wij werkten ervoor.	We worked for it.
We stemden ertegen.	We voted against it.
Ze zat er boven op.	She was sitting on top of it.
Wat doe je ermee?	What do you do with it ?

Er may be separated from its adverb in the following manner :

Denk er goed aan.	Think well of it. Don't forget!
Hij woonde er al een jaar in.	He had lived in it for a year.
We hebben er hard voor ge-werkt.	We have worked hard for it.
We stemden er onmiddellijk tegen.	We voted against it at once.

Strong Verbs

202.

lezen	las-lazen	gelezen	to read
eten	at-aten	gegeten	to eat
geven	gaf-gaven	gegeven	to give
vergeten	vergat-vergaten	vergeten	to forget
liggen	lag-lagen	gelegen	to lie (down)
zitten	zat-zaten	gezeten	to sit
bidden	bad-baden	gebeden	to pray
zien	zag-zagen	gezien	to see

Vocabulary

203.

de zin, sentence
de hals, neck
het dienstmeisje, maid servant
het 'ongeluk, accident, misfortune
de kapper, hair-dresser

het haar, hair
kort, short
overigens, **'o·vrəgəns,** for the rest
over'komen, to happen [1]
knippen, to cut with scissors

[1] Of personal misfortunes only

goede, goeie, morgen, good morning	*zeker,* certain(ly)
het tele'gram, telegram	*scheren,* to shave, shear
zo juist, just this minute	*gaan zitten,* to sit down
waarom, why	*binnen*! come in!
omdat, because	*'binnenkomen,* to come in
stijf, stijve, stiff	*roepen, riep-riepen, geroepen,* to call, cry
laatst(e), last	*met man en muis* (= mouse). with all hands
liever, rather	

Translate

204*a*. Het brood werd gebakken. Het brood is zo juist gebakken. De broodjes zullen morgen gebakken worden. Het brood zou vandaag gebakken zijn, als de bakker thuis geweest was. Het brood kan vandaag niet gebakken worden. Het brood kan vandaag niet gebakken zijn. Waarom niet? Omdat de bakker ziek is. Hem is een ongeluk overkomen. De laatste zin is erg stijf. Zeg liever: hij heeft een ongeluk gehad. Mijn haar moet geknipt worden. Het zou gisteren geknipt zijn, als ik tijd had kunnen vinden. Ik ga nu naar de kapper. ' Morgen, meneer; U wenst? ' ' Haarknippen, alstublieft ' [1] ' Zeker, meneer, gaat U zitten. Hoe wenst U het geknipt te hebben? ' ' Als gewoonlijk. Kort in de hals, en verder niet te kort.' ' Scheren, meneer? ' ' Nee, dank U, ik scheer mezelf.'

b. My hair was cut ; has been cut ; is being cut ; will be cut ; would be cut ; would have been cut. He overtakes me. He has overtaken me. He will overtake me. He would overtake me. I was overtaken. I shall be overtaken. He overtook me. We are lost. The ship has gone down with all hands. There was a knock at the door. ' Come in ! ' I cried, and the servant entered with a telegram. I am not thinking of it. There was dancing.

---

[1] **alsty·'bli·ft,** ' please '. A contraction of: *als het u belieft,* if it pleases you.

Shots were fired. There was a ring at the bell. The house is built of wood. Ours is built of stone. I do not like your jokes. Don't forget! Did he think of it? Has he thought of it? Did you work hard for it. She was sitting on top of it. Why have you voted against it? My father built me a house, but now he is living in it himself.

CHAPTER XVIII

TO DO—USE OF THE TENSES

205. The Dutch verb *doen, deed-deden, gedaan* is used only as a verb of full meaning, not as an auxiliary :

Wat doe je hier?	What are you doing here?
We deden het voor hem.	We did it for him.
Hij heeft het gedaan.	He has done it.
Het is gedaan.	It has been done.
Het zal gedaan worden.	It will be done.

206. 'To do' is not translated in negative and interrogative sentences :

Zeg dat niet.	Do not say that.
Slaapt hij hier?	Does he sleep here?

207. Emphatic 'to do' is replaced by an adverb ı

Ik heb het je 'wel gezegd.	I did tell you.
Ik weet het 'wel.	I do know it.
Ga toch 'slapen !	Do go to sleep.

208. Dutch has no progressive form ı

Het kind slaapt.	The child is sleeping (asleep).
Hij schrijft (aan) zijn vrouw.	He is writing to his wife.

209. Where necessary, continued action is expressed by other verbal forms :

Hij staat zich te 'scheren.	He is shaving.
Ze zit te 'naaien.	She is sewing.
Hij is aan het 'werk, **a·nt-'vɛrk.**	He is working (at work).
We waren aan het repeteren, **rəpə'te:rə.**	We were rehearsing.

76

Use of the Tenses

210. The English *present perfect*, ' I have been ', ' I have lived ', frequently describes an action or state, which began in the past, and continues into the present. Thus ' I have been here for some time ', means : I came some time ago, and I am still here. In a case of this kind Dutch generally uses the *present tense*, ' I am, I live ', accompanied by the adverb *al* ' already ', or the more solemn *reeds*, which has the same meaning.

Ik ben hier al tien maanden.	I have been here for ten months.
Hij wacht al een uur.	He has been waiting an hour.
We wonen hier nu een jaar.	We have lived here a year (now).
Zijn vader is al jaren dood.	His father has been dead for years.

211. In the same circumstances the English past perfect tense, ' I had lived ', is replaced by the Dutch past tense *ik woonde*.

Ik was er al tien minuten.	I had been there ten minutes.
Hij wachtte al een uur.	He had been waiting an hour.
Wij woonden daar al jaren.	We had lived there for years.
Zijn vader was allang (ɑ'lɑŋ) *dood.*	His father had long been dead.

211a. When the present and past perfect tenses simply express completion of an action, Dutch uses the same forms :

Ik heb hem een brief geschreven.	I have written him a letter.
Wij hadden het boek gelezen.	We had read the book.

212. The English past tense ' I saw ' is used to describe an action which is entirely past. Dutch often uses the

present perfect in this case, even when the time of the action is expressly stated, showing that it has no connection at all with the present.

Ik heb hem gisteren gezien.	I saw him yesterday.
Als kind heb ik goed Frans geleerd.	I learnt French well as a child.
Het kind is verleden week geboren.	The child was born last week.
Hij heeft me maandag geschreven.	He wrote to me last Monday.

213. Impersonal verbs are used as in English, but are slightly more numerous :

Het regent.	It is raining.
Het sneeuwt.	It snows.
Het mist.	There is a fog.
Het hagelt.	It is hailing.
Het 'onweert.	There is a thunderstorm.
Het bliksemt.	There is a flash of lightning.
Het tocht.	There is a draught.
Het stormt.	There is a gale blowing.

The infinitives of the above are : *regenen, sneeuwen, misten, hagelen, onweren, bliksemen, tochten, stormen.*

The corresponding nouns are : *de regen*, rain ; *de sneeuw*, snow ; *de mist*, fog ; *het onweer*, thunderstorm ; *de bliksem*, lightning ; *de tocht*, draught ; *de storm*, gale.

214. Other impersonal expressions are :

Het spijt me.	I am sorry.
Het verbaast me.	I am astonished.
Het verwondert me.	I am surprised.
Het verheugt me.	I am glad.
Het zal hem spijten.	He will be sorry.

Het zal jullie verwonderen. It will surprise you.

The infinitives of these verbs are: *spijten*, to be sorry; *verbazen*, to astonish; *verwonderen*, to surprise; *verheugen*, to gladden.

From *heugen* we have the noun *het geheugen*, memory:

Ik heb een uitstekend (œyt- I have an excellent memory.
'**ste·kənt**) *geheugen.*

Strong Verbs

215.	*wegen*	*woog-wogen*	*gewogen*	to weigh
	bewegen	*bewoog-bewogen*	*bewogen*	to move
	dragen	*droeg-droegen*	*gedragen*	to wear, bear, carry
	graven	*groef-groeven*	*gegraven*	to dig
	begraven	to bury	*'opgraven*	to dig up
	varen	*voer-voeren*	*gevaren*	to travel by water
	staan	*stond-stonden*	*gestaan*	to stand
	slaan	*sloeg-sloegen*	*geslagen*	to beat, to strike

Vocabulary

216. *Hoe gaat het met je?* } How are you?
Hoe maakt U het?

Hoe maakt je moeder het? How is your mother?

de 'schelvis, haddock

de a'gent, policeman

mijn verloofde, my fiancée

de schouder, shoulder

de sloot, ditch

de koning'in, queen

de 'onzin, nonsense

de kerk, church

de inspec'teur, inspector

zaken, business

de 'zakenbrief, business letter

arm, poor

van'morgen, this morning

'tweemaal, twice

eindelijk, at last

dus, so

verder, further

voor het 'eerst, for the first time

de hele dag, all day

vreselijk, **vre·sələk,** terrible

horen, to hear

vernemen, to hear, learn

de man, the husband
de betrekking, post, job
het pak, bundle, parcel; suit of clothes
het examen, **ɛk'sa·mə,** examination
werkelijk, really
alleen, **a'le·n,** alone
stil, quiet
netjes, **nɛtəs,** neat
eigen, own
breed, brede, broad, wide

wakker maken, to wake
kammen, to comb
pijn doen, to hurt
er 'uitzien, to look
'aankomen, to arrive
arriveren, **ari've·rə,** to arrive
slagen, to succeed
weten, wist, geweten, to know
het regent pijpestelen (pipe stems), it is raining cats and dogs
Duits, **dœyts,** German

het 'onderwijs, teaching, education

Translate

217a. Doe dat niet. Riep hij niet? Lees dat boek niet. Wij lazen de krant niet. Wat eet je daar? Aten ze schelvis? Ze hebben me geld gegeven. Het boek ligt op de tafel. Mijn jas lag op de stoel. Hoe lang ligt hij daar al? Moeder heeft altijd op deze stoel gezeten. Ik zit hier al een uur. Ze zat te ontbijten. Wat heeft de agent gezien? Zag je me niet? Jawel, ik heb je gezien, maar ik dacht, dat je mij niet zien wou. Wat een onzin, waarom zou ik je niet willen zien? Ik was met mijn meisje, en wou je aan haar voorstellen. Ik hoorde het 'wel. Je woonde daar 'wel. Hij schreef haar 'wel. Hij heeft haar 'wel geschreven. Wees toch 'stil, je maakt het kind wakker. Hij stond zijn haar te kammen. We waren hard aan het werk. Ik draag dat pak al een uur; mijn schouders doen pijn. Hoe lang draag je dat pak al? Het ziet er nog netjes uit. Het schip is van Amsterdam naar New York gevaren. Het schip voer door het Suez kanaal (**'sy·ɛska'na·l**). Hij heeft zijn eigen graf gegraven. Waarom sloeg hij die arme oude man? Heeft hij het arme kind geslagen? Ja, hij heeft het vanmorgen tweemaal geslagen. Waar staat uw huis? Ik sta hier al een half uur. Het

was half twee toen ik hier aankwam, en nu is het twee uur.
Hoe lang staat deze kerk hier al? Koningin Anna is al
jaren dood. De agent stond al een uur voor het huis, toen
de inspecteur eindelijk arriveerde. Wanneer bent U geboren? Ik ben op vierentwintig maart negentien honderd
vier geboren. Dus dan bent U achtenvijftig jaar oud. En
waar bent U geboren? In de stad Gouda ('gouda), een
provinciestad in Zuid-Holland (zœyt'holant). Het spijt me
te horen dat het regent. Het regent niet alleen, het hagelt.
Het verheugde ons te vernemen, dat U voor uw examen bent
geslaagd. Veel succes verder!

b. Why did you do it? What are you doing? Were
you doing wrong? Do not do it. Do go to sleep! Is he
writing a business letter? I did not know he had (any)
business. She was sewing for her baby. Is father at
work in the garden? We have known it for three months.
I first heard it in January. She has slept all day. His
sister has lived in this town for years. They had lived in
London for five years, when the husband lost his job. What
kind of a job had he? It was raining cats and dogs. It
is snowing. There is a terrible draught in this room. I
am surprised to hear that you have lost your job. He has
an excellent memory. Their uncle has been dead for years.
Dutch children learn English, French and German at school.

CHAPTER XIX

WEZEN—INFINITIVE INSTEAD OF PAST PARTICIPLE

218. Instead of the past participle *geweest*, ' been ', we use the infinitive *wezen* when another infinitive follows.

Thus we say : *Ik ben er geweest.* I have been there.
     but : *Ik ben wezen kijken.* I have been to look.

We zijn de zieke wezen op- We have been to see the
zoeken. patient.
Hij was zijn moeder wezen He had been to see his
thuisbrengen. mother home.

Note that the infinitive *wezen*, ' to be ', is used quite freely instead of *zijn*: *Wat kan dat wezen? Wat kan dat zijn?* ' What can it be ? '

Er moet toch nog wat boter Surely there must be some
wezen ! more butter !

Infinitive Instead of Past Participle

219. The same construction with two infinitives is found after certain other verbs, such as *zien, horen, zitten, liggen* and *staan.*

Ik heb het hem zien doen. I have seen him do it.
Hij had het horen zeggen. He had heard it said.
Wij hebben zitten lezen. We have been reading.
Ze heeft liggen slapen. She has been asleep.
Hij heeft staan toekijken. He stood looking on

220. *Laten, liet-lieten, gelaten,* to let, corresponds to a

variety of English verbs, such as ' to have, to get, to make ' and ' to allow '.

Ik heb een nieuw pak laten maken.	I have had a new suit made.
Ik laat een huis bouwen, **bͻuə.**	I am having a house built.
We zullen het laten doen.	We shall get it done.
Laat het kind niet zo hard werken.	Do not make the child work so hard.
Laat me je verzameling eens zien.	Do show me your collection.
Laat me los !	Let go !
Laat dat, **'la·tat.**	Stop that.

When the past participle *gelaten* is followed by an infinitive, it changes into an infinitive, like the verbs in § 219 :

Hij heeft het me alleen laten doen.	He has let me do it alone.
Ze heeft haar zuster laten gaan.	She has let her sister go.

221. Present Participles like *ziende*, ' seeing ', are best avoided at the head of a sentence. It is, indeed, quite correct to write : *Wetende dat hij ziek was, liet ik de dokter halen.* ' Knowing he was ill I sent for the doctor.' But the construction is stiff, and less usual than in English. *Daar ik wist dat hij ziek was, liet ik de dokter halen.*

Toen ik zag wat hij deed, riep ik een agent.	Seeing what he was doing, I called a policeman.
Daar ik hem goed kende, sprak ik hem aan.	Knowing him well, I addressed him.
Daar we haar dagelijks (**'da·gələks**) *verwachtten, beantwoordden we haar brief niet.*	Expecting her any day, we did not reply to her letter.

Strong Verbs

222. | | | | |
|---|---|---|---|
| *scheren* | *schoor-schoren* | *geschoren* | to shave, shear |
| *zweren* | *zwoer-zwoeren* | *gezworen* | to swear |
| *scheppen* | *schiep-schiepen* | *geschapen* | to create |
| (*scheppen* | *schepte* | *geschept* | to shovel up) |
| *heffen* | *hief-hieven* | *geheven* | to raise |
| *blazen* | *blies-bliezen* | *geblazen* | to blow |
| *slapen* | *sliep-sliepen* | *geslapen* | to sleep |

Note that 'to swear', to use bad language, is *vloeken, vloekte, gevloekt; vervloeken* is 'to curse'.

Vocabulary

223. *de 'melkboer*, the milk-man

om de huur, for the rent

de dienst, service

onder dienst, in the army

de 'buurman, neighbour

de huisschilder, house painter

schilderen, to paint

de postzegel, **'pɔse·gəl**, stamp

de waarheid, truth

de gast, guest

de 'gastheer, host

de gezondheid, **gə'zɔnt-hɛit**, health

de hemel, **he·məl**, heaven

de aarde, **a:rdə**, earth

de 'tuinman, gardener

de garage, **ga'ra:ʒə**, garage

de auto, **'ɔuto, o·to**, motor-car

al (in questions), yet

sterk, strong

die, who

ondeugend, **ɔn'dø·gənt**, naughty

'handwerken, to do needle-work

ge'hoorzamen, to obey

infor'meren naar, to inquire after

gewend aan, accustomed to

'nodig hebben, to need

'aanbieden, to offer

'uitblazen, to blow out

Translate

224a. Is de melkboer al geweest? De huisbaas is vanmorgen om de huur geweest. Waar is ze zondag geweest? Wie kan dat wezen? Kan je er om vijf minuten voor half

zes wezen? Ze is haar broer wezen opzoeken. Hij is
onder dienst. Als ik een en twintig jaar ben, moet ik onder
dienst. Ik heb het hem zelf horen zeggen. De meisjes
hebben zitten handwerken. We hebben horen zeggen, dat
hij ziek is. De firma laat een nieuw kantoor bouwen.
Mijn buurman heeft zijn huis laten schilderen. Hij laat het
doen door zijn broer, die schilder is. Ik laat me nooit
scheren, ik scheer me altijd zelf. Laat los, je doet me
pijn. Laat ons je postzegelverzameling eens zien. Waarom
heeft hij zijn oude moeder alleen door de sneeuw naar huis
laten gaan? De kapper heeft me netjes geschoren en
geknipt. Schapen worden geschoren. Ik zweer de
waarheid te zullen zeggen. Hij heeft gezworen te gehoorzamen. De gastheer hief zijn glas op, en dronk op de
gezondheid van zijn gasten. Heeft U goed geslapen?

b. I have never been there. I have been to enquire how
he is. Have you been reading? No, it was too dark to
read (*om te lezen*). Shall we get the gardener to do it?
He is more accustomed to the work than we. I see that
you are having a garage built. Isn't the old one large
enough for the new car? Do not let your wife do too
much. She is not strong. Leave go, you are hurting my
shoulder. Stop that, you naughty boy! Knowing that
he was ill, I offered my services. She blew out the candle
(*kaars*). Do not swear so. The sheep were shorn; are
shorn; have been shorn; had been shorn; will be shorn;
would have been shorn. 1914, 1939, 1750, 1066. Second,
third, fourth, first, fiftieth.

CHAPTER XX

THE INTERROGATIVE PRONOUN

225. The interrogative pronouns are *wie*, *wat* and *welk(e)*. *Wie* is a noun-pronoun. It refers to persons, and translates both 'who' and 'which'.

Wie weet dat?	Who knows that?
Wie van jullie weet dat?	Which of you knows that?

226. For 'whose' the written language has the form *wiens*, which refers to singular male persons only :

Wiens hoed is dit?	Whose hat is this?

Both in the written and the spoken language *wiens* is generally replaced by *van wie*, which refers to both sexes, and to the plural as well as the singular.

Van wie is die pijp?	Whose pipe is this?
Van wie is die blouse,	Whose blouse is this?
blu·zə?	

227. The spoken language freely uses the forms *wie z'n*, *wie d'r*, to refer to men and women respectively. These forms are not used in writing.

Wie z'n pijp is dat?	Whose pipe is that?
Wie d'r rok is dat?	Whose skirt is that?

228. *Wat* translates English 'what'.

Wat zegt hij ervan?	What does he say of it?

'What sort of' is translated by *wat voor(een)*.

Wat is hij voor een man?	What sort of man is he?
Wat voor boeken heeft hij?	What kind of books has he?

229. *Wat* is used in exclamatory sentences :

Wat ben je toch dom !	How stupid you are !
Wat een werk !	What a job !
Wat een mensen !	What a lot of people !

230. Like *het*, *wat* cannot be used after prepositions. It is replaced by such separable adverbs as *waarin, waarvan, waaraan, waarop, waarover*, etc.

Waarin heeft hij zijn geld belegd?
Waar heeft hij zijn geld in belegd? } How has he invested his money?

Waarvan is het gemaakt?
Waar is het van gemaakt? } What is it made of?

Waaraan denk je? Waarover denk je?
Waar denk je aan? Waar denk je over? } What are you thinking of?

Welk(e) is an adjective, and translates English ' which '.

Welk is used before singular neuter nouns only.

Welk huis is van hem?	Which house is his?
Welke boeken heeft hij gekocht?	Which books has be bought?

231. Demonstrative pronouns have been treated in § 98. It only remains to add that they are not generally preceded by a preposition. ' For this, for that, in this, in that, for these ', etc., are translated by the separable adverbs *hiervoor, daarvoor, hierin, daarin, hiervoor*, etc. *Daarna,* ' after that ', is not separable.

Daarvoor doe ik het niet.
Daar doe ik het niet voor. } I am not doing it for that.

Daarna gingen we naar huis. After that we went home.
   Note also :

De mevrouw hier' naast.	The lady next door.

Plural of Nouns

232. Compound nouns ending in *man* change *man* into *lieden*.

timmerman	*timmerlieden*	carpenter
tuinman	*tuinlieden*	gardener

Names of nations ending in *man* go as follows :

Een Engelsman, an English-man

twee Engelsen, two English-men

de Engelsen, the English

een Engelse, an English-woman

een Schot, a Scotsman

twee Schotten, two Scotsmen

de Schotten, the Scotch

een Schotse, a Scotswoman

een Fransman, a Frenchman

twee Fransen, two French-men

de Fransen, the French

een Française, a French-woman

Also note :

een Ier, an Irishman

de Ieren, the Irish

and :   *Engeland, Schotland, Ierland.*

Strong Verbs

233.			
vallen	*viel-vielen*	*gevallen*	to fall
lopen	*liep-liepen*	*gelopen*	to walk
roepen	*riep-riepen*	*geroepen*	to call
houden	*hield-hielden*	*gehouden*	to hold, to keep
hangen	*hing-hingen*	*gehangen*	to hang
vangen	*ving-vingen*	*gevangen*	to catch
gaan	*ging-gingen*	*gegaan*	to go

Vocabulary

234. de si'gaar, cigar
de vriend, friend
de 'schoonmoeder,
  mother-in-law
de kerel, **ke:rəl,** fellow
de brand, fire
het gevaar, danger
iemand, somebody
niemand, nobody
het bezwaar, objection
ouders, parents
het ding, thing
het 'varkensvlees, pork
warm, **vɑrm,** warm, hot

tegen, **te·gə(n),** against, to
zonder, without
ten 'minste, at least
van geboorte, by birth
bewonen, to inhabit
'overspringen, to jump across
houden van, to like
betalen, to pay
as, ash(es)
'asbakje, ash-tray
kijken naar, to look at
het café, public-house
'zindelijk, tidy, cleanly
vuil, dirty
het vuil, dirt

Translate

235a. Wie werkte harder dan de oude tuinman? Wie van die timmerlieden heeft het hardst gewerkt? Wie van die dames zal ons kunnen helpen? Van wie zijn deze sigaren? Van mij. Wat denkt U ervan? Wat voor vrienden heeft hij? Wat voor een huis bewoont uw schoonmoeder? Wat is hij toch lui! Wat is dat werk toch moeilijk! Wat een sterke kerel! Waaraan denkt hij? Ik weet niet waar hij aan denkt. Hoe zou 'ik dat weten? Welke sigaren zal ik kiezen? Ik zie daar geen gevaar in. We hebben daar geen bezwaar tegen. Zijn moeder is Engelse van geboorte. Zijn vader is een Schot. Onze kok is een Fransman. Hij is gevallen, toen hij de sloot oversprong. Zou hij die sloot over kunnen springen (over die sloot kunnen springen) zonder te vallen? We hebben de hele dag gelopen. We zijn van Delft naar den Haag gelopen. Ik hoor iemand om hulp roepen. Ik geloof, dat er iemand in het water ligt. Nee, er ligt niemand in het water.   Mag ik dit boek houden?   Hield hij niet van varkensvlees?   Waarom niet?

b. Who will help me?   Which of you can speak French? Whose dog is this?   Whose son is in the army?   What sort of a woman is your mother-in-law?   How stupid you are!   How hot it is!   What are you thinking of?   What are you standing on?   What is this thing made of?   What do you pay the carpenter for this?   Is your wife English? No, she is Scotch, at least her parents were Scotch, but she was born in England.   I have been to look at the fire.   I do not know how he has invested his money, but I hope it has been invested wisely (*goed*).   Whose pipe is that on the ash-tray?   Look, ash on the carpet, ash on the table; do you think this is a public-house?   Dutch housewives are very tidy.   They do not like dirt.

CHAPTER XXI

RELATIVE PRONOUNS

236. The relative pronouns which refer to a noun or pronoun in the head-clause are *die* and *dat*, corresponding to 'who', 'which' and 'that'. *Dat* refers to singular neuter nouns. *Die* is used in all other cases.

De 'consul, die mijn vader kende, leende me het geld.	The consul, who knew my father, lent me the money.
Laat me dat hondje eens zien, dat je gekocht hebt.	Do show me that puppy you have bought.
We stonden op de trein te wachten, die tien minuten over tijd was.	We stood waiting for the train, which was ten minutes overdue.

237. After prepositions, *wie*, not *die*, is used to refer to persons, or we use the separable adverbs *waarmee*, *waarvan*, *waarover*, etc. These adverbs *must* be used in referring to animals and things.

Hoe heet die Rus met wie je stond te praten? (or: *waarmee je stond te praten?*)	What is the name of that Russian to whom you were talking?
Dit is het gedicht waarover we het hadden.	This is the poem we were discussing.

238. For the genitive 'whose' the written language has the forms *wiens* and *wier*.

Wiens is singular, and refers to male persons only.

Wier in the singular refers to female persons, and in the plural to both men and women.

Mijn vader, wiens eerste vrouw in 1900 was overleden, her'trouwde twee jaar later.	My father, whose first wife had died in 1900, married again two years later.

239. *Wiens* and *wier* are used only in written Dutch. In spoken Dutch we say *die z'n* for the masculine singular, and *die d'r* in all other cases. These forms are not generally used in writing.

We zijn de arme vrouw wezen opzoeken, die d'r man een ongeluk heeft gehad.	We have been to see the poor woman whose husband has had an accident.

240. ' Of which ' must be translated by *waarvan*.

Hoe kan ik een huis betrekken, waarvan al de ramen gebroken zijn, en waarvan het dak lekt ?	How can I move into a house of which all the windows are broken, and the roof of which leaks ?

241. Dutch never omits the relative pronoun or relative adverb :

Een man, die ik ken . . .	A man I know . . .
Het meisje waarmee je stond te praten . . .	The girl you stood talking to . . .

242. Independent relatives have no antecedent. They are ' who ' and ' what ' in English, *wie* and *wat* in Dutch.

Wie dit zegt, is een leugenaar.	Who(ever) says this is a liar.
Ik'weet wel wat hij wil.	I know quite well what he wants.

Irregular Verbs

243. Some verbs have a weak preterite and a strong past participle :

bakken	*bakte(n)*	*gebakken*	to bake, to fry
barsten	*barstte(n)*	*gebarsten*	to burst, to crack
braden	*braadde(n)*	*gebraden*	to roast
brouwen	*brouwde(n)*	*gebrouwen*	to brew
lachen	*lachte(n)*	*gelachen*	to laugh
laden	*laadde(n)*	*geladen*	to load, to lade
malen	*maalde(n)*	*gemalen*	to grind

Vocabulary

244. *de zaak*, business
de schouwburg, **'sxou-bœrx,** theatre
de dief, dieven, thief
de vaas, vazen, vase(s)
de tong, sole (fish)
de kar, cart
de vertegenwoordiger, **vərte·gən'voːrdəgər,** representative
het belang, interest
het 'rundvlees, beef
de ro'man, ro'mans, novel(s)
heten, to be called
het geweer, gun, rifle
heden, to-day
nog heden, this very day

vol, full
eindelijk, at last
vaak, often
waar, true
vreemd, strange
zo iets, a thing like that
interes'sant, interesting
daar'even, just now
lekkend, leaking
onmogelijk, impossible
ont'vangen, to receive
handelen over, to deal with
vertellen, to tell
klinken, to sound
vertrouwen, to trust
het huwelijk, **hy·ulək,** marriage
daar'net, just now

Translate

245a. Wilt U de brief, die wij van onze agenten te Londen hebben ontvangen, nog heden beantwoorden? De zaak, waarover de brief handelt, is van het grootste belang. De bus, die tien minuten te laat was, was vol toen hij eindelijk aankwam. Ik wou je mijn 'postzegelverzameling laten zien, waarover ik je zo veel verteld heb. Wie is die Ameri'kaan, met wie (waarmee) je gisteren in de schouwburg was? Hoe heet hij? Hij heet Wilkins. En hoe heet U? Smits is mijn naam. Ze heet Suze (**sy·zə**), naar haar grootmoeder. Dit is onze vertegenwoordiger, meneer Jansen, wiens brieven U zo vaak beantwoord heeft. We hebben gisteren een nieuw huis betrokken. Wie eens steelt, is altijd een dief. Wat je zegt kan waar zijn, maar het klinkt vreemd. Gebraden rundvlees. Een geladen geweer. Een gebarsten vaas.

b. A man who does a thing like that cannot be trusted. He is not to be trusted. The book you lent me is very interesting. Show me those stamps you have bought. Who is the girl you were talking to just now? Was this the novel he was discussing? I cannot live in a house with a leaking roof. What you want is impossible. Fried sole. A cracked bell. They loaded the cart. The miller has ground the corn. What is your name? My name is Van Pelt. And what was the name of your first wife before her marriage? My first wife's name was Anna Janssen. She died in 1945, and I remarried five years later. The name of my second wife is Mary Jones. She is English by birth. Who was that interesting man to whom you were talking just now?

CHAPTER XXII

REFLEXIVE PRONOUNS

246. The reflexive pronouns, 'myself', 'yourself', etc., may be translated in three ways :

	(a)	(b)	(c)
first pers. sing. .	*me, mij*	*zelf*	*mezelf, mijzelf*
first pers. plur. .	*ons*	*zelf*	*onszelf*
second pers. sing. and plur. .	*je, zich*	*zelf*	*jezelf, Uzelf (zichzelf)*
All third persons .	*zich*	*zelf*	*zichzelf*

247. The simple pronouns sub (a) are used as unstressed pronouns with reflexive verbs :

Ik was me.	I wash (myself).
Wij wassen ons.	We wash (ourselves).
Je wast je.	etc.
U wast zich.	
Jullie wassen je.	
Hij, zij, het, wast zich.	
Zij wassen zich.	

248. *Zelf* in all persons simply stresses the noun or pronoun to which it refers :

Dat zal ik 'zelf doen.	I will do it myself.
Komen ze 'zelf niet?	Are not they coming themselves ?
Kan ze 'zelf niet betalen?	Cannot she pay herself ?
Geef het aan de directeur 'zelf.	Give it to the manager himself.

249. The compound pronouns sub (c) are used as **stressed** reflexive pronouns with reflexive verbs :

Ik ga nooit naar de kapper, ik scheer me'zelf.	I never go to the barber's, I shave myself.
Kan het kind zich'zelf al aankleden !	Can the child dress herself already !
Ja, ze kleedt zich altijd 'zelf aan.	Yes, she always dresses herself.

250. The unstressed reflexive pronoun is frequently left out in English. This is never done in Dutch.

Ze kleedt zich goed.	She dresses well.
Ik kan me in een kwar'tier scheren en aankleden.	I can shave and dress in a quarter of an hour.

Indefinite Pronouns

251. ' All ' as an adjective before a noun is *al* :

Al de wijn.	All the wine.
Al de sol'daten.	All the soldiers.

When there is no article, we use *alle* :

Alle mensen moeten sterven.	All men must die.

' All ' as a noun is *allen* for persons, and *alles* for things.

Ze waren allen uit.	They were all out.
We hebben alles verkocht.	We have sold everything.

Both *allen* and *alles* may often be replaced by *allemaal* when they accompany a noun or pronoun.

Ze zijn allemaal uit.	They are all out.
Dat is allemaal 'onzin.	That is all nonsense.

Note that *al* as an adverb means ' already ' in affirmative and exclamatory sentences, and ' yet ' in questions.

Hij is al tien jaar oud.	He is ten years old already.
Wat ! Ben je al klaar !	What, finished already !
Ken je je les al?	Do you know your lesson yet ?

Instead of *al* written Dutch also uses *reeds*.

Irregular Verbs

252.

scheiden	*scheidde-scheidden*	*gescheiden*	to separate, to divorce
zouten	*zoutte-zoutten*	*gezouten*	to salt
jagen op	*jaagde-jaagden, joeg-joegen*	*gejaagd*	to hunt, pursue
vragen	*vroeg-vroegen*	*gevraagd*	to ask
stoten	*stootte-stootten, stiet-stieten*	*gestoten*	to knock, push

Vocabulary

253.
de datum, **da·təm,** date
de spiegel, mirror
de 'aankomst, arrival
het oog, eye
de chauf'feur, chauffeur
het kaartje, ticket
de locomo'tief, locomotive
het gebouw, building
het 'stootblok, buffer
pre'cies, exactly
omstreeks, about
half juli, the middle of July
vrij, *vrije*, free
lang, tall
duur, *dure*, dear

niet te best, none too good
klaar, ready
behalve, except
in orde, in order
ver, *verre,* far
voor, in front of
of, if (or)
zich he'rinneren, to remember
chauf'feren, to drive a car
'stilstaan, to stand still
zich bedienen van, to help oneself to
zich verslapen, to oversleep oneself
Afrika, **'a·frika·,** Africa
vanmorgen, this morning

Translate

254a. Heb je je al geschoren?   Neen, ik laat me altijd scheren, ik kan het zelf niet.   Kan je jezelf niet scheren? Dat verwondert me.   Ik herinner me zijn naam niet.   Hoe heet hij ook weer? Herinnert U zich de datum van uw aankomst in Nederland? Nee, ik herinner het me niet precies meer, maar ik geloof, dat het omstreeks half juni was. Het is tijd om ons te verkleden voor het concert. Het begint om half negen. Ik zal zelf moeten chaufferen, want onze chauffeer heeft zijn vrije avond. Zo, heeft U een chauffeur? Ik chauffeer zelf. Een chauffeur is mij te duur. Mij ook, maar mijn ogen zijn niet te best. Zijn we allemaal klaar? Hebben we al de kaartjes? Dan kunnen we gaan Wat, zijn we er al? Ja, het con'certgebouw is niet ver van ons huis. Gezouten vis. Hij is van zijn vrouw gescheiden. De locomotief stootte tegen het stootblok, en stond stil.

b. He is shaving in front of the mirror. He always shaves himself. We have no servant. We do everything ourselves. Help yourself to fish. Do you like salted fish? What did you ask the policeman? I asked him the way to the concert hall. Do you drive yourself? Do you remember my chauffeur, the tall Irishman? He is in the army now. Do you know your lesson yet? Ask him if he is finished yet. Are they all here? Is everything ready? Have we all the books we need? Can your wife dress in half an hour? It is now twenty-five minutes past eight. Will you drive yourself? This is all nonsense, they cannot all be out. My eldest sister is divorced from her husband. What did you ask him? I asked him if (*of*) he had ever hunted elephants. He tells me he has never been in Africa, and has never seen an elephant except in a circus. You will have to wait twenty minutes. I have to dress. I got up at twenty minutes past eight this morning; I overslept myself.

CHAPTER XXIII

THE INDEFINITE PRONOUN

255. 'Some' and 'any' are difficult words to translate. Some help is given below, but as the subject is largely one of advanced idiom, it is not possible to deal with it exhaustively at this stage.

256. Stressed 'some' before a plural noun is *sommige* :

Sommige mensen vinden dat oneerlijk.	Some people think that dishonest.

Or *enige*, when it means 'a few'.

Enige weken later.	Some weeks later.

257. Stressed 'any' is *ieder, elk* :

Een (elk) huis is beter dan helemaal geen huis.	Any house is better than no house at all.

258. Unstressed 'some' and 'any' are frequently translated by *wat* :

Geef me wat geld.	Give me some money.
Is er nog wat thee?	Is there any tea left?

259. 'Not any', 'no', 'none' are translated by *geen*.

Hij heeft geen vrienden.	He has no friends.
Heeft hij geen kleren?	Has he no clothes?
Hij vroeg me om een verrekijker, maar ik had er zelf geen.	He asked me for a pair of binoculars, but I had not any myself.

260. 'Something', 'anything' are translated by *iets* :

Ik heb iets gehoord.	I have heard something.
Heb je iets gehoord?	Have you heard anything?

Ik heb iets voor U gekocht.	I have bought something for you.

261. ' Nothing ' is *niets* ɪ

Hij weet er niets van.	He knows nothing about it.

' Somebody ', ' anybody ', ' nobody ' are translated by *iemand, niemand* :

Ik ken iemand, die ons helpen kan.	I know somebody who can help us.
Heb je iemand gesproken?	Did you speak to anybody?
Ik heb niemand gezien.	I have seen nobody.

262. *El'kaar* corresponds to ' one another ', ' each other ', expressed or understood :

We hebben elkaar al eerder ontmoet.	We have met before.
Ze schrijven elkaar elke week.	They write to each other every week.

263. Sometimes *elkaar* must be translated by ' together '.

Ze stonden met elkaar te praten.	They stood talking together.
We zaten dicht bij elkaar.	We sat close together.

' Each ' and ' every ' are translated by *ieder(e)* and *elk(e)*. ' Everybody ' is *iedereen* :

Ieder van U.	Each of you.
Iedereen weet dat.	Everybody knows that.
Iedere dokter zal U hetzelfde zeggen.	Every (any) doctor will tell you the same thing.

264. ' One ' as the subject of a general statement is translated by *men*, **mɛn** :

Men kon niet anders verwachten.	One could expect nothing else.

The possessive pronoun corresponding to *men* is *zijn*, ' one's '.

Men kan zijn geld niet beter beleggen.	One cannot invest one's money better.

Men also translates ' people ' and the passive voice :

Men zegt.	People say; it is said.

In spoken Dutch *men* is replaced by *je*, and *ze* :

Je kunt nooit weten.	You never can tell.
Ze zeggen.	People say.

265. The indefinite adverbs ' somewhere ', ' anywhere ', ' nowhere ', are translated by *ergens* and *nergens*.

Hij woont ergens in Friesland.	He lives somewhere in Friesland.
Hij moet toch ergens wonen !	Surely, he must live somewhere !
Heb je het ergens gevonden?	Have you found it anywhere?
Ik heb het nergens gevonden.	I have found it nowhere.

266. When ' anywhere ' means ' everywhere ', it must be translated by *overal* :

Hij kan het overal kopen.	He can get it anywhere.

267. Note that the conjunction *dat*, ' that ', is never left out :

Ik weet dat hij ziek is.	I know he is ill.

Irregular Verbs

268.	*brengen*	*bracht-brachten*	*gebracht*	to bring, to take
	denken	*dacht-dachten*	*gedacht*	to think
	zoeken naar	*zocht-zochten*	*gezocht*	to seek

kopen	*kocht-kochten*	*gekocht*	to buy
verkopen	*verkocht-verkochten*	*verkocht*	to sell
weten	*wist-wisten*	*geweten*	to know
leggen	*legde-legden*	*gelegd*	to lay
zeggen	*zei-zeiden*	*gezegd*	to say

Vocabulary

269. *de 'briefkaart*, postcard
de zwager, brother-in-law
de 'luchtpost, airmail
de 'oorlog, war
de maand, month
Me'vrouw J., Mrs. J.
de oude heer J., old Mr. J.
geleden, **gə'le·də**, ago
aanstaande, next
verleden, **vər'le·də**, last
op kantoor, at the office
eerlijk, honest
genoeg, enough
geweldig, tremendous-(ly)
bijna, almost
per'soonlijk, personal(ly)
over, across
geregeld, regular(ly)
heel veel, very much
naast, beside
de broek, the pair of trousers
ont'vangen, to receive
berichten, to inform

prettig, pleasant
het 'prettig vinden, to like
bekennen, to confess
'afbranden, to burn down
druk, busy
het 'druk hebben, to be busy
helemaal niets, nothing at all
redden, to save
twee paar, two pair(s) of
de schoen, shoe
twee pond, two pounds
in de laatste tijd, recently
de suiker, sugar
een half pond, half a pound
er over 'doen, to take (time)
verhuizen naar, to move to
de conferentie, **kɔnfə'rɛntsi**, conference
de compagnon, **kɔmpa'nɔn**, partner
op de terugweg, **'trœɡʋɛx**, on the way back
Chinees, Chinese, **ʃi'ne·s, ʃi'ne·sə**, Chinese
de vulpen, **'vœlpɛn**, fountain pen
de logeerkamer, **lo'ʒe·r-ka·mər**, spare room

Translate

270a. Enige dagen geleden ontving ik een briefkaart van onze vertegenwoordiger te Arnhem, waarin hij mij berichtte, dat hij aanstaande vrijdag om drie uur precies op ons kantoor hoopte te komen. Sommige mensen zouden dat prettig vinden, maar ik ben eerlijk genoeg om te bekennen, dat ik hem deze week liever niet zou zien. We hebben het geweldig druk, en ik heb geen tijd voor conferenties. Hier zijn wat kleren voor je arme vrienden, wiens huis afgebrand is. Hebben ze helemaal niets kunnen redden? Wel, hier heb je een broek, twee goede jassen, een regenjas—bijna nieuw (zo goed als nieuw)—twee paar schoenen, en wat kleren van mijn vrouw. Heeft U in de laatste tijd iets uit Australië gehoord? Ik persoonlijk heb niets gehoord, maar mijn compagnon heeft verleden week per luchtpost een brief van zijn zwager in Sidney ontvangen. De brief had er drie dagen over gedaan. Schrijven jullie elkaar geregeld? Niet geregeld, we komen elke maand een avond bij elkaar, dus zo heel veel nieuws hebben we niet. Iedereen weet, wat ik gekocht heb. Wat zie hij (**zɛi hɛi** or **zɛidi**), toen U de brief naast zijn bord ledge?

b. Who has bought those two cracked vases? Did Mrs. Jones buy them? Did not she know they were cracked? I thought everybody knew (it). Take the children to school, and on the way back bring me two pounds of sugar and half a pound of tea. I hear old Mr. Johnson has sold his collection of old Chinese vases. He is moving into a smaller house. What are you looking for? Have you lost anything? Yes, I have lost my fountain pen. Have you looked under the bed in the spare room? I believe I saw it (*hem*) there yesterday. Some people would think that dishonest. Have you given the telegram to the manager himself? What sort of a women is she? What kind of books have you? Have you been to see your sister? I

hear she is ill.   I am sorry to hear it.   What is the time?
It is exactly twenty-seven minutes past six.   He let me do
it alone.

CHAPTER XXIV

REFERRING PRONOUNS—GENITIVE

271. ' It ' referring to things can only be translated by
het, when the name of the thing in Dutch happens to be
neuter :

Ik heb een nieuw huis ge-kocht.	I have bought a new house.
Het kost me vijftien mille (**mi·l**).[1]	It has cost me fifteen thousand guilders.

Instead of *het* in this case we frequently use *dat* :

Waar is je stoeltje? Dat staat op zolder.	Where is your little chair? It is in the loft.

272. In other cases we invariably use *hij, hem,* or *die* to
refer to things :

Daar is de ketel. Zet hem even op het gas (**ǝt xɑs**).	There is the kettle. Just put it on the gas.
Je kan die 'vulpen niet gebrui-ken. Hij lekt.	You cannot use that foun-tain pen. It leaks.
Heb je je para'plu niet bij je? Neen, die wordt gerepa-'reerd.	Haven't you got your um-brella with you? No, it is being mended.

273. Dutch has no word for ' its '. In referring to
things we use *zijn*, never *haar*.

Zet die tafel op zijn plaats.	Put that table in its place.

274. In referring to animals in the widest sense, we
generally use *hij* or *die*, and *hem*, unless the name of the

---

[1] The French word ' mille ' = a thousand, is colloquially used in
this way.

animal happens to be neuter, when we use *het* or *dat* :

Is die slang dood? Nee, hij is niet dood, zijn rug is gebroken.	Is that snake dead? No, it is not dead, its back is broken.
Het ko'nijn is ontsnapt. Weet je waar het is?	The rabbit has escaped. Do you know where it is?

275. In the case of large animals, *zij* and *haar* are used for the female :

De koe en haar kalf.	The cow and her calf.

276. In the case of female persons, we use *zij, die* and *haar* even when the Dutch word happens to be neuter :

277. *Waarom is je zusje niet op school? O, zij komt voor'lopig niet, ze heeft haar enkel verstuikt.*	Why isn't your (little) sister at school? Oh, she won't come for some time, she has sprained her ankle.

Genitive

278. Only a few personal nouns in Dutch can be used in the genitive.   These add *s*, not *'s* to the singular.   This *s* is always pronounced strong as in ' ice ', not weak as in ' eyes '.

Vaders boek.	Father's book.
Moeders verjaardag.	Mother's birthday.
Ooms kinderen.	Uncle's children.

We can say equally well : *het boek van vader, de ver-jaardag van moeder, de kinderen van oom,* and with the great majority of words this is the only possible construction :

De manen van de leeuw.	The lion's mane.
De poten van de stoel.	The legs of the chair.

279. In *spoken* Dutch we find:

Jan z'n pijp.	John's pipe.
Marie d'r pop.	Mary's doll.

Curiously enough, this simple and thoroughly logical construction is frowned upon as vulgar, and cannot be used in writing. Nevertheless even the best speakers probably use it a dozen times a day without being aware of the fact.

280. The genitive in such expressions as 'a book of John's' cannot be translated. We simply say: *een boek van Jan.*

The genitive referring to the names of buildings and houses, such as 'St. Mary's', 'at the grocer's', 'to the butcher's', are translated as follows:

de Mariakerk, **ma'ri·akɛrk,** *in de kruidenierswinkel,*[1] *naar de slagers'winkel*

Colours

281. *rood, rode,* red   *wit, witte,* white
    blauw(e), blue   *groen(e),* green
    oranje, orange   *paars(e),* violet
    bruin(e), brown   *geel, gele,* yellow
    zwart(e), black   *grijs, grijze,* grey
    licht blauw, light blue *donker groen,* dark green

Vocabulary

282. *voor'lopig,* provisional-   *het 'koperdraad,* copper wire
    (ly), for the time   *de keuken,* kitchen
    being   *voor'zichtig,* careful(ly)
    de kleur, the colour   *behangen,* to paper

[1] **krœydəni:rs'vɪŋkəl.** Kruiden = herbs; kruide'nier, literally seller of herbs; winkel = shop.

de ten'toonstelling, exhibition

de gang, passage

de 'eetkamer, dining-room

de stu'deerkamer, study

het idee, **i'de'**, idea

boven, over, above

de 'lessenaar, desk

het por'tret, portrait

ergens anders, somewhere else

over, about

de trapleer, steps

de 'leermeester, teacher

de kelder, cellar

zich vergissen, to be mistaken

de hamer, hammer

het nietje, staple

het stukje, the little piece

jammer, a pity

erg 'pijn doen, to hurt much

gebruiken, to use

op zijn plaats, in its place

de bovenste plank, top shelf

weer op hun plaats, back in their places

boekenkast, book-case

uit, finished

pre'cies op, particular about

biblio'theek, library

de meeste, most

het donker, the dark

om de hoek, round the corner

lekker, nice

blad, bladeren [1], leaf, leaves

bladen, leaves of books

Nederlands(e) } Dutch
Hollands(e)

koninklijk, royal

thee zetten, to make tea

de bruine beuk, copper-beech

Translate

283*a*. Hier is dat schilderijtje (**sxɪldə'rɛiṭə**), dat we op de tentoonstelling hebben gekocht. Waar zullen we het hangen? Daar heb ik ook al over gedacht. In de gang? Het is te goed voor de gang. Als je het niet in de eetkamer wilt, hang ik het in mijn studeerkamer. Dat is een goed idee. Boven je bureau. Dat portret van die oude professor van je kan nu wel ergens anders hangen. Niet zo oneerbiedig over mijn oude leermeester, alsjeblieft! Enfin, boven mijn lessenaar dan. Waar is de trapleer? Die staat achter de kelderdeur, als ik me niet vergis. Goed,

---

[1] Often contracted to *blaren*: *theeblaren*, tea leaves.

en een hamer, een krammetje en een stukje koperdraad vind ik wel in de la van de keukentafel. Wees voorzichtig dat je het behang niet beschadigt. De kamer is pas behangen.

Notes : *schilderijtje*, diminutive of *schilde'rij*, a painting or any kind of framed picture. Formed from the verb *schilderen*, to paint. *Een schilder* is a painter. A housepainter is *een huisschilder*.

Oneerbiedig, disrespectful, from *eerbied*, respect, reverence, formed from *eer*, honour, and *bieden* to offer.

Enfin, French pronunciation. An exclamation expressing acquiescence : Very well then . . .

Behang, behangsel, wall paper once it has been put on the walls. Before that it is called *behangselpa'pier*. *Behangen* to paper. *Behanger* paper-hanger.

Beschadigen, **bə'sxa·dəgə**, to damage, from *schade*, **sxa·də**, damage.

b. My fiancée has sprained her ankle. She cannot play tennis this afternoon. That is a pity. I hope it does not hurt much. No, but the doctor has forbidden her to play. Do not use that kettle when you make the tea. It leaks, we must get it mended. Put that book in its place on the top shelf of my book-case. You can read my books if you like, but do put them back in their places when you have finished (with) them. I am very particular about my library. I myself can find most of my books in the dark. Where have you bought this coffee? At the grocer's round the corner. It is very good coffee, and not dear. I'll make you a nice cup of Dutch coffee. The leaves of this tree are dark green. The leaves of the copper-beech are brown. The Dutch colours are red, white and blue. The colour of the royal house of Orange is orange.

Note : Dutch freely forms verbs from the names of games : *tennissen*, to play tennis, *voetballen*, to play football, *kaarten*, to play cards.

CHAPTER XXV

DIMINUTIVES—FEMININE FORMS

284. Diminutives are very widely used in Dutch. They express smallness of size, as in *huisje*, ' a little house '; endearment, as in *moedertje*, ' mother dear ', *liefje*, ' my sweet ', *vrouwtje*, ' wifey '; or contempt, as in : *Wat een zielig mannetje* ! What a pitiful little man !

285. Frequently also, the diminutive has a special meaning. Thus *tafeltje* means not only ' a small table ', but also ' an occasional table '. Hence *speeltafeltje* means ' a card-table ', but *speeltafel*, ' gaming table '. *Kastje* signifies not only ' a small cupboard ', but also ' a locker '. *Kop*, ' cup ', is used only for a large cup of thick earthenware. The usual word is *kopje*, and we can even speak of *grote kopjes*, literally ' large small cups '. *Een dozijn lepeltjes* would generally be taken to mean ' a dozen tea-spoons '. The usual word for ' girl ' is *meisje*, formed from *meid*, ' a maid or maid-servant '. But *een lief meisje*, is far less personal, and far less expressive of personal admiration than *een lieve meid*. Examples could be multiplied almost at will.

286. The ending of the diminutive is *-je*.

dak	*dakje*	roof	*stad*	*stadje*	town
huis	*huisje*	house	*boek*	*boekje*	book

287. Words ending in *l, r, m, n,* and *ng*, preceded by a short vowel, add *-etje*.

bol	*bolletje*	globe	*kar*	*karretje*	cart
kom	*kommetje*	basin	*kan*	*kannetje*	jug
	tong	*tongetje*	tongue		

288. Words ending in a vowel or diphthong, or in the
letters *l, n, r,* preceded by a long vowel or diphthong, add
-tje.

la	*laatje*	drawer	*ei*	*eitje*	egg
pijl	*pijltje*	arrow	*haar*	*haartje*	hair
	laan	*laantje*	shady walk		

289. Words ending in a long vowel plus *m* add *-pje.*

boom   *boompje*   tree   *riem*   *riempje*   strap

290. Some words which have a short vowel in the
singular, and a long vowel in the plural, also have the long
vowel in the diminutive :

gat   *gaten*   *gaatje*   hole   *vat*   *vaten*   *vaatje*   cask,
barrel
schip   *schepen*   *scheepje*   ship   *glas*   *glazen*   *glaasje*   glass

291. *Vlag,* flag, makes *vlaggetje.*
    Weg, road, makes *weggetje.*

Feminine Forms

292. English has a variety of ways to express sex. Thus
we say ' king—queen ', ' lion—lioness ', ' he-bear—she-
bear '. Dutch has similar forms, such as *koning—koning'in,
leeuw—leeuwin,* **le·'vin,** *beer—be'rin.* Also *kok—kokkin,*
' male and female cook ', *boer—boe'rin,* ' farmer—farmer's
wife ', etc. The main difference between the two languages
is that, whereas in English the name of the male person is
freely applied to women, either because there is no special
feminine form or because the meaning is sufficiently clear
without any addition, this is rarely, if ever, done in Dutch.
The feminine ending must be added whenever possible. The
following examples will make this clear:

293. *boekhouder*   *boekhoudster*   book-keeper
'*Juffrouw X is onze boek-*   Miss X is our book–keeper.
  houdster.

onder'wijzer onderwijze'res   (elementary) teacher
Onze onderwijzeres zegt . . .   Our teacher says . . .

typist   **ti'pɪst**   *typiste*   **ti'pɪstə**   typist
Gezocht : *een flinke typiste.*   Wanted : a capable lady
typist.

danser   danse'res   **dɑn'søːzə**   dancer
Een bevallige danseres   A graceful dancer.

294. Further examples are :

student	**sty'dɛnt**	*studente*	**sty'dɛntə**	university student
violist	**vio'lɪst**	*violiste*	**vio'lɪstə**	violinist
pianist	**pia'nɪst**	*pianiste*	**pia'nɪstə**	pianist
advocaat	**atfo'kaːt**	*advocate*	**atfo'kaːtə**	barrister
correspon'dent		*correspon'dente*		correspondent
schrijver		*schrijfster*		writer, author(ess)
verpleger		*verpleegster*		male and female nurse
secretaris	**sekrə'taːrəs**	*secretaresse*	**sekrəta·'rɛsə**	secretary
schilder		*schilde'res*		painter
redacteur	**rədak'tøːr**	*redactrice*	**rədak'triˑsə**	editor
'voorzitter		*'voorzitster*		chairman
president	**prezi'dɛnt**	*presidente*	**prezi'dɛntə**	president

etc., etc.

295. Where there is no special ending for the feminine, it will generally be found that the word refers to a profession which women have only entered in the course of the present century. Thus, although we have the words *meester—meeste'res*, ' master—mistress ', we can only say : *Mijn*

vrouw is meester in de 'rechten, ' my wife is a doctor of laws '.
Likewise, *doctor in de 'letteren,* ' doctor of literature ', etc.

296. Some feminine words have no masculine counter-
part. Such are *'huishoudster,* housekeeper, *kookster,*
female chef, *werkster,* charwoman, *'dienstbode,* maid-servant,
goevernante, **gu·vər'nɑntə,** governess.

Vocabulary

297. *gauw,* **ɡou,** quickly
de cognac, **kɔ'nɑk,**
brandy
de likeur, **li'kø:r,** liqueur
verkouden zijn, to have
a cold
*ik ben een beetje ver-
kouden,* I have a
slight cold
zeer, zere, sore
de keel, throat
pas, not until
het tasje, lady's handbag
het plezier, **plə'zi:r,** fun
ple'zierig, pleasant
het con'cert, concert

open'baar, openbare, public
vleien, **vlɛiə,** to flatter
de vleier, vleister, flatterer
werkelijk, really
de helft, half
je zin, your way
voordat (conj.), before
'dagblad, -bladen, daily paper
onge'woon, unusual
de universiteit, **y·nivɛrsi'tɛit**
university
de tand, tooth
de arts, doctor
de 'tandarts, dentist
mannelijk(e), male
vrouwelijk(e), female

Translate

298*a.* Meneer en mevrouw Gerritsen komen bij hun
vrienden, de heer en mevrouw Jansen, een avondje kaarten.
' Dag Jan, dag Mies, wat is het koud vanavond, hè?   Kom
gauw in de kamer.   Willen jullie een glaasje cognac voor we
gaan spelen? '   ' Nou, als het je hetzelfde is, heb ik liever
een likeurtje, maar een klein glaasje, hoor !   Je weet, dat ik
zelden iets drink.'   ' Een sigaar, Jan? '   ' Dank je, ik
zal vanavond niet roken.   Ik ben een beetje verkouden.'
' Wil je soms een lepeltje suiker in je cognac? '   ' Graag,

dat is goed voor een zere keel.' ' Zullen we dan maar beginnen? Ik heb het speeltafeltje in het warmste hoekje van de kamer laten zetten.' Er wordt gespeeld. ' Zeg, weten jullie hoe laat het is? Half elf! We zullen de laatste tram missen.' ' Kom, 't is nog vroeg. De laatste tram gaat pas om kwart over elf.' ' Ja, dat kan wel, maar ik heb morgen een hoop te doen. Kom Mies, het is onze tijd. Heb je je tasje? Nou, dag lieve mensen, bedankt voor de plezierige avond.'

Notes: *Dag!* short for *goede dag*. Used on almost any occasion as a word of greeting or farewell.

Hè? pronounced in a rising, interrogative tone: isn't it?

Nou, informal pronunciation of *nu*, now. Here it means ' well '.

Hoor! from *horen*, to hear. Mind!

Dank je, dank U, means ' No, thank you '.

Soms, sometimes, by any chance, has the effect of making the question more tentative, and therefore more polite.

Graag, willingly, please.

Maar, but. As used here, *dan maar*, it suggests previous arrangement: ' Well, what about it? '

Bedankt, thanked. Short for ' you are thanked'. Thank you.

b. Our teacher, Miss Jones, is an excellent pianist. She always plays at our school concerts. Mrs. Smith is the author of several excellent novels, which you can find in the public library of our town. What a little flatterer you are, Mary. Do you really think that I believe half you say (tr. the half of what you say)? You want your way, and all the rest is nonsense. The new girl is an excellent typist; before she came to me she was secretary to the editor of one of our large daily papers. Sixty years ago it was

very unusual for women to work. To-day [1] women work
not only as servants, nurses and governesses. There are
as many female as male students at our universities. We
have female doctors, dentists and barristers. Girls work
in offices as typists, correspondents, and book-keepers.
In our schools we find thousands of women teachers.

[1] Note : to-day : *vandaag*. Here translate : *tegen'woordig*, now-a-
days, at the present time.

CHAPTER XXVI

HOW TO ADDRESS PEOPLE

299. On an envelope a man is addressed as *De Heer*. The equivalent for ' Messrs.' before firm names is *De Heren*.

300. Both in official and private correspondence the word *Heer* (not *Heren*) is generally preceded by one of several highly complicated honorific adjectives, intended to show the official rank or social standing of the person so addressed, or the learned profession to which he belongs. No purpose is served by enumerating these here. No one ignorant of the social structure of the society by which they were evolved could be expected to remember them, and no man of sense feels offended when they are omitted. If necessary, the student can easily pick up the commonest of them by enquiring among his Dutch friends.

301. In addressing a stranger or a person to whom we use the pronouns *U* and *uw*, we say *mijnheer*, *meneer*, the second being a contraction of the former. The pronunciation is the same in both cases: **mə'neːr**. They mean both ' sir ' and ' Mr.'

Goede morgen, meneer.	Good morning, Sir.
Morgen, meneer Jansen.	Morning, Mr. Johnson.

When we become sufficiently intimate with a man to drop the *meneer*, we instinctively change from *U* to *je* at the same time.

302. When speaking about a man, we generally refer to him as *meneer Jansen*. When writing about him, we prefer the more formal *de heer Jansen*.

303. In writing to a stranger, it is always safe to start with the word *Mijnheer*. To acquaintances and friends the usual forms of address are:

Geachte Heer.	Dear Sir.
Beste Jan.	Dear John.

304. A good way of ending a letter to a stranger or superior is:

Hoogachtend,

Respectfully,
Yours obediently.

To a friend one would conclude with the words:

Met vriendelijke groeten,

' with kind regards ', or a similar phrase.

305. Married women are both addressed and referred to as *Mevrouw.*

306. Unmarried women are addressed and referred to as *juffrouw.* *Mejuffrouw* corresponds to the official ' Dear Madam '. As a mode of address the word is stressed on the second syllable unless the name is added, when the stress shifts back to the first.

Wilt U deze brief voor mij tikken, juf'frouw?	Will you type this letter for me, Miss X?
'Juffrouw Jansen.	Miss Johnson.

Note that unlike the word ' Miss ', the word *juffrouw* can be used without a name following.

307. As in the case of men, the words *mevrouw* and *juffrouw* go with the pronoun *U.* When we call a woman by her Christian name, we say *jij, je,* and *jou.*

Vocabulary

308. *berichten,* to inform   *de 'welstand,* heath
     de regel, rule   *zo'als,* as
     regelen, **re·gələ,** to ar-   *over'dag,* in the daytime
       range   *ont'wikkelen,* to develop

vakantie, **va'kansi'** holi-
day('s)
'*vaststellen*, to fix
in 'staat zijn, to be able
vriendelijk, kind
het 'aanbod, offer
gebruik maken, to avail
oneself
'*s morgens 'vroeg*, early
in the morning
'*kennies maken met*, to
make the acquaint-
ance of
prettig, pleasant, nice
verleden 'jaar, last year
'*meebrengen*, to bring
along
'*aantreffen*, to meet, to
find
inplakken, to paste in

de   zwembroek,   bathing
trunks
heerlijk, delightful
naar 'aanleiding van, with
reference to
de advertentie, **atfər'tɛnsi,**
advertisement
verzoeken, to request
de catalogus, **ka'ta·logəs,**
catalogue
doen 'toekomen, to forward
verge'zellen, to accompany
per tele'foon, by telephone
gaarne, graag, gladly
buiten, in the country
'*aannemen*, to accept
'*s nachts*, at nights
anders, else
aan zee, at the seaside
'*bloembollen*, bulbs

Translate

309.   34, *Park Avenue, S.E.*24.
                                    5 *Juli*, 1942.

Beste Vrienden,

Tot mijn genoegen kan ik jullie meedelen dat de
vakanties op ons kantoor nu zijn geregeld, en dat de
mijne is vastgesteld op van 12 tot 27 juli a.s. Ik ben dus
in staat van jullie vriendelijk aanbod gebruik te maken, en
hoop dinsdag 13 juli 's morgens vroeg in den Haag te
arriveren, en tot 26 juli te blijven. Ik verlang er naar
jullie beiden weer te zien, en kennis te maken met jullie
kinderen.

Ik denk nog vaak aan onze prettige vacantie verleden
jaar in Devonshire, en zal de foto's meebrengen, die ik
toen gemaakt heb.

In de hoop het hele gezin in de goede gezondheid te zullen
aantreffen,

Met hartelijke groeten, jullie,

JACK WALKER.

310. Notes:

Genoegen: pleasure.   Translate: I am glad to be able . . .

a.s.: usual abbreviation for *aanstaande*, next.   Note the
shifting of the stress in: *dinsdag aan'staande*, and *'aanstaande dinsdag*

Arri'veren, 'aankomen: to arrive.   One of the fairly large
number of French words in use among Dutch people.

Ernaar.   ' To look forward to ' is *verlangen naar*.   *Er*
anticipates the object, which follows immediately afterwards.

Vaak: often.   The spoken language uses *dikwijls*, pronounced **dɪkʋəls.**

Gezin: family of parents and children.

311.   *Duinstraat* 105
Den Haag.
7 *Juli*, 1942.

BESTE JACK,

Dank voor je brief en het goede nieuws.   Je bent van
harte welkom.   Zoals je weet, zal ik slechts enkele dagen
vrij zijn, maar de avonden zijn lang en mijn vrouw zal er
voor zorgen, dat je overdag iets van ons mooie Holland ziet.
Joop en Gerrit verlangen er naar met hun ' Engelse oom '
kennis te maken.   Onze foto's van Devonshire zijn allemaal
ontwikkeld, en in een speciaal (**spe'ʃaˑl**) album geplakt.
Breng je fototoestel mee, en je zwembroek!   Het is nu
heerlijk op Scheveningen.   De dertiende vind je me met de
auto aan het station (**sta'ʃɔn**).

Met hartelijke groeten,
je
JOHAN DE WIT.

312. Notes:
Ons: here ' to us '.   You will be heartily welcome (to us).

Je bent welkom.   You are welcome.

Slechts enkele: only a few.   The spoken language uses *maar enkele, maar een paar*.

Ze zal er voor zorgen dat . . . She will see to it that . . .

Er anticipates the object (clause) as in § 309.

Joop: pet name for *Johan*, **jo'han.**

'Fototoestel: *'Toestel* = apparatus.

313.
Den Heren J. v.d. Pas & Zn.
Hillegom, Holland.

MIJNE HEREN,
     Naar aanleiding van Uw advertentie in de ' Daily Mail ' van 15 Maart jl. verzoek ik U mij Uw nieuwe catalogus van bloembollen, enz. te willen doen toekomen.

                    Hoogachtend,

                              J. MASON.

314. Notes:
Mijne: the old inflected form of *mijn*, in common use in this form of address.

v.d.: an abbreviation of *Van de, Van der* and *Van den*, all usual prefixes of Dutch family names.   Zn: *zoon* = son.

jl.: an abbreviation for *jongstleden*, last, in dates.   For the accent see the note on *aanstaande* in § 310.

enz.: *enzovoorts*, and so forth, etc.

315. I informed him by telephone of the arrival of his books.   Our holidays (sing.) commence on the 15th of august next.   Will you be able to accompany us to Devonshire?   I gladly accept your offer.   Early in the morning it is delightful in the country.   So show me those snapshots you took at the seaside last summer.   I hope to meet you all in the best of health.   We work in the day-time, and

sleep at nights.   You ought to paste those snapshots into
a special album, else you will lose them.   That is very kind
of you.   I shall gladly avail myself of your kind offer.   Will
you bring your swimming trunks with you?   You will need
them.

CHAPTER XXVII

REPETITION OF THE AUXILIARIES—*ZEGGEN*

316. English frequently repeats the verbs ' to be ' and ' to have ' or any auxiliary used in the sentence, in order to ask for confirmation of a statement previously made:

> She is not coming, is she?
> He can do it, can't he?

As the above examples show, the question is positive when the preceding statement is negative, and vice versa.

In Dutch a different construction is used:

> *Komt ze niet?*
> *Hij kan het doen, niet waar?*

317. Other examples:

Hij heeft haast, niet waar?	He is in a hurry, isn't he?
Hij heeft toch geen haast?	He is not in a hurry, is he?
Ze heeft genoeg geld, niet waar?	She has enough money, hasn't she?
Heeft ze niet genoeg geld?	She has not enough money, has she?
Moeder weet het, niet waar?	Mother knows, doesn't she?
Weet moeder het niet?	Mother does not know, does she?

318. In other cases where English repeats the auxiliary in answer to questions, etc., Dutch uses a different construction:

Heeft hij een mooi huis? Dat heeft hij 'zeker!	Has he a beautiful house? He certainly has!

Wilt U me helpen? Ja, met ge'noegen. — Will you help me?   Yes, I will.

Zal ik het raam openen? Ja, alstublieft. — Shall I open the window? Yes, do!

Au! je doet me pijn! — Don't! You are hurting me!

319.

Ik hoopte, dat hij het me vragen zou, en hij 'vroeg het me ook. — I hoped he would ask me, and he did.

Tom heeft een aardig huis, en zijn broer 'ook. — Tom has a charming house, and so has his brother.

De dokter heeft geen geld, en zijn vrouw 'evenmin — The doctor has no money, and neither has his wife.

320.

Hij kwam vijf minuten te laat. Zo! — He was five minutes late. Was he really!

*We zijn voor twaalf uur terug (**trœx**). Zo! Dat is prettig.* — We shall be back before twelve.   Will you? Splendid!

Zeggen

321. *Zeggen* is translated by 'to say', 'to tell', 'to speak' and 'to think'.

Zeg dat niet. — Do not say that.

Wat zei ze? — What did she say?

Zeg de waarheid. Spreek de waarheid. — Speak the truth.

Hij wil het niet zeggen. — He will not say (tell).

Zeg het me. — Tell me.

Wat zegt hij er van? — What does he think of it?

Dat zou je niet zeggen. — You would not think so.

Vertellen is 'to tell in detail', 'to tell a story'.

Je moet het aan niemand vertellen. — You must tell no one.

Vertel ons eens een verhaaltje. — Tell us a story.

'Opzeggen is ' to say a lesson '.

Hij zei zijn 'les op.	He said his lesson.

'Voorzeggen is ' to prompt '.

Suze zegt de andere kinderen altijd 'voor.	Susan always prompts the other children.

'Nazeggen is ' to say after '.

Zeg mij deze woorden 'na.	Say these words after me.

Hebben and Zijn

322. Some Dutch verbs are conjugated both with *hebben* and *zijn*.   See § 121.

We hebben onze boeken ver- geten.	We have forgotten our books.
Ik ben vergeten hoe oud hij is.	I forget how old he is.

In the first of these examples we have the ' action ' of forgetting, in the second, a ' state ' resulting from the action.

In the same way :

Hij heeft twee uur gelopen.	He walked two hours (action).
Hij is naar huis gelopen.	He has walked home (result of action).
Hij heeft veel gereisd. reizen	He has travelled extensively. to travel
Hij is naar Amerika gereisd.	He has gone to America.
Ik heb mijn kamer veranderd.	I have changed my room round (altered the furniture).
Ik ben van kamer veranderd.	I have changed my room (taken a different one).

Vocabulary

323. 'afmaken, to finish
    waarschijnlijk, **vaːr-
      'sxɛinlək,** probably
    'nog een, another
    ga je 'gang, go ahead;
      Do!
    kolen, coal(s)
    terug, **trœx,** back
    Karel, Charles

aardig, nice
op tijd, in time
verhuizen, to move
'opper'best, perfectly well
gebeuren, to happen
de leugen, lie
tegen, tot, to
eigen, own
dadelijk, at once

        slagen, to succeed, to pass

Translate

(repeating the auxiliary whenever possible)

324. Gaan jullie morgen naar Zwolle? Ja. Kan je het werk niet afmaken? Nee. Weet je hoe laat het is? Jawel! Zou hij liever thuis blijven? Waarschijnlijk wel. Mag ik nog een kopje thee nemen? Ga je gang! Zal ik het raam openen? Alsjeblieft. Ik ga maar naar bed. Best, hoor! Wat een mooi huis! Dat is het zeker! Vader heeft twee mooie paarden gekocht. Dat heeft hij zeker! Ze beloofde te komen, en ze kwam ook. Hij zegt, dat hij een auto gekocht heeft. Dat heeft hij ook. Ze kunnen over een uur terug zijn. Dat kunnen ze zeker! Londen is een mooie stad, en Parijs ook. Jan gaat morgen weer (back) naar school, en Karel ook. Frits heeft een hond gekocht, en zijn vader ook. Dat was niet aardig van hem. Dat was het ook niet! We kunnen er niet op tijd zijn (get). Dat kunnen we ook niet. We hebben haast, niet waar? Zullen ze niet op tijd komen? Rookt vader Havannasigaren? Rookt hij geen sigaretten? We verhuizen morgen toch niet? We blijven toch in dit huis? Weet je het niet? Je weet het toch opperbest? Heb je hem niet kunnen helpen?

Ik weet het niet. Zo! We zullen mogen gaan. Zo!
Zo, verhuizen jullie morgen? Zo, woont hij hier al acht
jaar? Zo, is Uw grootvader al acht jaar dood? Dat wist
ik niet.

325. Zeg niets; zeg hem niet wat er gebeurd is. Als
hij vraagt, waar we geweest zijn, zeg (dan) dat we niet uit
zijn geweest. Ik geloof, dat het beter is de waarheid te
zeggen dan een leugen te vertellen. Ik zal vader de waarheid zeggen. Zulke dingen moet je niet tegen je zusje
zeggen. Hij wil ons zijn adres niet zeggen. Kan je je les
opzeggen? Je mag de andere kinderen niet voorzeggen.
Kan je me die moeilijke Hollandse woorden nazeggen?

326. Ik *ben* vergeten waar hij woont. *Ben* je je eigen
naam vergeten? Wie *heeft* zijn atlas (**'atlas**) vergeten?
Toen hij van het ongeluk hoorde, *is* hij dadelijk naar huis
gefietst. De jongens *hebben* uren gefietst. Toen we wisten,
dat we geslaagd waren, *zijn* we dadelijk naar de telefoon
gelopen, om moeder het grote nieuws te vertellen.

CHAPTER XXVIII

USE AND OMISSION OF THE ARTICLES

327. Abstract nouns used in a general sense mostly take the definite article in Dutch, but not in English :

Verlies de moed niet.	Do not lose courage (heart).
De deugd (**døˑxt**) *beloont zichzelf.*	Virtue is its own reward.
Het leven is geen ple'ziertje.	Life is not all beer and skittles.

In the following proverbs the article is absent :

Hoop doet leven.	' Hope gives life.'
Nood leert bidden.	' Distress teaches (us) to pray.'

328. The names of seasons take the article :

Ik houd van de lente.	I like spring.
De zomer is in het land.	Summer has come.
De trekvogels verlaten ons in de herfst.	Birds of passage leave us in autumn.
De eerste dagen van de winter.	The first days of winter.

329. Names of meals take the article :

Het eten is klaar.	Dinner is ready.
Spek bij het ontbijt.	Bacon at breakfast.
Het koffiedrinken.	Lunch.
Hij kwam op de koffie.	He came to lunch.
Het 'avondeten, **'aˑvɐnteˑtə**.	Supper.

Note : for ' dinner ' and ' supper ' the French words *het diner* and *het souper* are usual, when we refer to a formal or festive occasion. Likewise the verbs *di'neren* and *sou-'peren*. For ' lunch ' the English word is sometimes used to indicate something more elaborate than the homely national *koffietafel*. The verb is *lunchen*. *Kom morgen bij ons lunchen* : Come to lunch to-morrow.

330. *Kerk*, ' church ', *markt*, ' market ', and *gevangenis*, **gə'vaŋənɪs,** ' prison ', take the article :

's *Zondags gaan we naar de kerk.*	We go to church on Sundays.
De boer gaat naar de markt.	The farmer goes to market.
Hij zit in de gevangenis.	He is in prison.

331. *De mens*, ' man ', takes the article :

De mens zal van brood alleen niet leven.	Man shall not live by bread alone.

332. The river Thames, the river Meuse, etc., are :

De rivier de Theems, de rivier de Maas, etc.

333. Dutch uses the article before the names of streets, parks, bridges, etc.:

De 'Hoogstraat.	High Street.
Het 'Vondelpark.	but : Hyde Park.
De 'Amstelbrug, de Maas-'brug).	but : London Bridge.

334. Names of mountains take the article :

de Snowdon, de Etna, de Vesuvius, etc.

335. In sentences like the following the indefinite article is used in English after the verbs ' to be ' and ' to become ', but not in Dutch :

Zijn vader is officier.	His father is an officer.
Hij wil zeeman worden.	He wants to be a sailor.

Note that when the subject of such sentences is plural, the nominal predicate is put into the plural in English, but remains singular in Dutch :

Al zijn broers zijn officier.	All his brothers are officers.
Wij willen zeeman worden.	We want to become sailors.

336. When an English adjective is preceded by one of the words 'as', 'so' or 'too', the indefinite article is placed after the adjective. In Dutch, however, the indefinite article comes first.

Een even goede kans.	As good a chance.
Zo'n goede kans.	So good a (such a good) chance.
Een te goede kans om te missen.	Too good a chance to miss.

337. The indefinite article follows the word 'half' in English, but precedes it in Dutch :

Een half uur.	Half an hour.
Een half glas.	Half a glass.
Een halve 'sinaasappel.	Half an orange.
Een half ei is beter dan een lege dop (leeg, 'empty').	Half a loaf is better than no bread (half an egg is better than an empty shell).

Als

338. *Als* translates both 'as' and 'like'—in other words, it expresses both identity and similarity :

Hij keerde als rijk man naar zijn vaderstad terug.	He returned to his native town (as) a rich man.
Mijn vader verliet het leger als kolonel (kolo'nɛl).	My father left the army as a colonel.
Hij ziet er uit als een agent van politie (po'li·tsi).	He looks like a policeman.

Note : *er uit zien*, 'to look', 'to have the appearance of '.

Hoe ziet ze er uit?	What does she look like?
Ze ziet er vrij goed uit.	She looks fairly well.
Het ziet er naar uit of we regen krijgen.	It looks as if we are going to have rain.

Ze zagen er uit als ban'dieten.   They looked like bandits.

Jan zag er netjes uit.   John looked quite well dressed.

Vocabulary

330. *als kind*, as a child

gebeuren, to happen

de geschiedenis, history

besteden, to spend, to devote

de grond, ground

grondig, thorough(ly)

onder'wijzen, to teach

Azië, **'aˑziə**, Asia

Australië, **ɔu'straˑliə**, Australia

het prettig vinden, to like

de luiheid, laziness

de 'ondeugd, vice

de 'leeftijd, age, time of life

verstandig, sensible

wat voor'zichtig, a little careful

'opsluiten, to lock up

enig(e), only

het gezelschap, **gə'zɛl-sxɑp,** company

de gedachte, thought

de 'speelplaats, playground

de pols, wrist, pulse

Sicilië, **si'siˑliə**, Sicily

het zuid'oosten, the south east

het koord, **kɔːrt,** cord, rope

de 'koorddanser, rope-dancer

aspi'rientje, aspirin

de direk'teur van een postkantoor, postmaster

de 'schoolmeester, schoolmaster

zich laten scheren, to get a shave

ander(e), different

sparen, to spare, to save

spaargeld, savings

de schuld, debt

schuldig zijn, to owe

de hospita, landlady

echter, however

goed'hartig, kind-hearted

nog, still

beroemd, famous

de ac'teur, actor

de hulp, assistance

te 'hulp komen, to come to the assistance of

verzamelen, to collect

in 'staat stellen, to enable

zich om'ringen, to surround oneself

op zijn oude dag, in his declining years

zelfs, even

de gene'raal, general
naderen, to approach
de 'afstand, distance
niet in orde, not well
'kou vatten, to catch cold
niet lekker, not well
de kruik, hot water bottle
ernstig opnemen, to take seriously

de rang, rank
meer houden van, to like better
mooi weer, fine weather
zich haasten, to hurry
op tijd, in time
de ambtenaar, **'ɑmtənaːr**, civil servant, official
Vlissingen, Flushing
de ci'troen, lemon
vreselijk, dreadful

Translate

340*a*. Als kind heb ik op school aardrijkskunde [1] en geschiedenis geleerd. Er werd meer tijd besteed aan Hollandse, dan aan Ameri'kaanse geschiedenis, en de aardrijkskunde van Europa werd grondiger onderwezen dan die van Azië en Australië. Als het 's winters koud is, vind ik het prettig in bed te ontbijten. De luiheid mag (may) een ondeugd zijn, maar op mijn leeftijd geloof ik, dat het verstandig is wat voorzichtig te zijn. Dieven gaan naar de gevangenis. Daar wordt men opgesloten in een kleine cel, met een klein raampje als enige ventilatie (**vɛnti'laˑtsi**) en geen ander gezelschap dan zijn eigen gedachten. De arme Jan was op de speelplaats gevallen, en had zijn pols gebroken. Men liet de dokter komen, en de direkteur van de school telefoneerde naar zijn vader. Maar zijn vader kon niet komen. Hij was die morgen voor zaken naar Limburg gegaan. Als men Sicilië uit het zuidoosten nadert, ziet men de Etna reeds op grote afstand. Vader is naar bed gegaan. Is hij niet in orde? Hij is al een paar dagen niet lekker. Hij vat 's winters altijd kou,

[1] **'aːrdrɛikskœndə :** geography. *De aarde* : 'the earth'. *Het rijk* : 'the empire'. *Het aardrijk* : 'the world'. *Kunde* : 'knowledge', connected with *kennen*, 'to know'. A knowledge of the world. This is a useful example showing how Dutch compound nouns are built up from purely Germanic elements.

als hij donderdags naar de markt gaat.　Geef hem een warme kruik en zeg dat hij een paar aspirientjes moet nemen. Wat wil je zoon worden?　Hij wil zeeman worden, maar ik neem dat niet te ernstig op.　Als kind wilden we allemaal tramconducteur of taxichauffeur worden.　Ik herinner me, dat mijn broer koorddanser wou worden.　Hij had het koord al gekocht.　Maar nu is hij direkteur van het post-kantoor te Middelburg.

b. Do not talk like a schoolmaster.　You are not a schoolmaster.　And get a shave, and buy another hat. You look like a bandit.　The old man was poor and ill. His savings were spent (*op*), he owed money to his land-lady, and his old friends had forgotten him.　However, some kind-hearted people, who had known him when he was still a famous actor, came to his assistance.　They collected some money, which was invested for him, and which enabled him to surround himself with some comforts in his declining years.　I am afraid he will never become commander-in-chief,[1] or even a general.　.He will have to leave the army with the rank of colonel (*kolonel*, **kolo'nɛl**). Don't lose heart !　Do you like spring better than autumn? I always take my holidays in autumn.　One has as good a chance of (*op*) fine weather in autumn as in summer.　Isn't dinner ready yet?　Do you know it is twenty minutes past six?　We shall have to hurry, if we want to be in time for the concert.　Man shall not live by bread alone. Is your eldest brother a civil servant?　Yes, he is post-master at Flushing.　Give me half a glass of hot water, half a lemon, a little brandy, two aspirins, and a hot bottle. I have a dreadful cold.

---

[1] *opperbe'velhebber*.　Built up as follows: *opper*. ' upper '; *bevel*, **bə'vɛl**, ' command '; *hebber*, ' he who has '.　' He who has supreme command.'

CHAPTER XXIX

THE PRESENT PARTICIPLE—PAST PARTICIPLES—GERUND

341. The form and use of the present participle have been discussed in § 105 and § 221. It was there stated that it is formed by adding *d* or *de* to the infinitive, *betalend(e)*, 'paying', *lopend(e)*, 'walking', and that the participial construction to replace a dependent clause, though grammatically correct, is best avoided in spoken Dutch:

Terwijl ik naar de muziek luisterde, viel ik in slaap.	While listening to the music, I fell asleep.

342. However, the present participle is quite common before a noun, in which case it is declined like any other adjective (§ 148–§ 150).

Betalende gasten.	Paying guests.
Een hollend paard.	A runaway horse.
Een huilend kind.	A weeping child.
De Lachende Edelman van Frans Hals.	Frans Hals' Laughing Cavalier.
De stromende regen.	The pouring rain.
Dreigende wolken (de wolk).	Threatening clouds.
De gierende wind.	The whistling wind.
Een loeiende storm.	A roaring gale.
Een laaiend vuur.	A blazing fire.
De vliegende Hollander.	The flying Dutchman.

Note: *hollen*, 'to rush along'; *huilen*, 'to weep'; *stromen*, 'to flow'; *dreigen*, 'to threaten'; *gieren*, 'to scream or whistle'—of shells, the wind, etc.; *loeien*, 'to roar'—of the wind, 'to bellow'—of cattle; *'oplaaien*, 'to blaze', 'to flare up'.

Past Participles

343. Participial constructions with the past participle do not occur in Dutch. They must be replaced by a dependent clause:

Hoewel hem gezegd was te blijven, ging hij naar huis.	Though told to stay, he went home.
Toen men mij vroeg te antwoorden, zweeg ik.	When asked to reply, I was silent.

Note: *zwijgen, zweeg-zwegen, gezwegen,* to be silent.

344. The adjectival use of the past participle is quite common. Strong past participles ending in *en* are not inflected; the final *n* is not pronounced:

Gesneden vlees.	Sliced meat.
Een gebroken vaas.	A broken vase.
Een gebarsten kopje.	A cracked tea-cup.
Een beladen ezel.	A laden donkey.
Gebakken spek.	Fried bacon.
Gebraden kip.	Roast chicken.

345. Weak or regular past participles, ending in *d* or *t,* are declined like any other adjective:

Gekookte eieren.	Boiled eggs.
Een gedrukt boek.	A printed book.
Geschilde aardappelen.	Peeled potatoes.

Note: *drukken,* to print; *een drukker,* 'a printer'; *de drukke'rij,* 'printing works'; *de 'drukinkt,* 'printer's ink'.

Schillen, 'to peel'; *de schil,* 'peel'; *aardappelen,* 'potatoes', lit. earth-apples. In the pronunciation the *d* goes with the second syllable, thus obscuring the etymology: **'aːr-dapələ.**

346. When in English the verbal function of the past participle predominates, it is placed after the noun it qualifies. Thus we say: 'paid helpers', *i.e.,* 'helpers

receiving wages ', but ' the sum paid ', because we feel this to be equivalent to ' the sum which has been paid '. In Dutch the participle is placed before the noun in both cases :

Betaalde helpers.	Paid helpers.
De betaalde som.	The sum paid.

347. Even when the participle is accompanied by one or more qualifying words, it still precedes the Dutch noun :

De door ons voor vaders ver- *jaardag gekochte boeken.*	The books bought by us for father's birthday.

Obviously, though constructions like these have their use in official language, they do not occur in spoken Dutch : *De boeken, die we voor vaders verjaardag gekocht hebben.*

Gerund

348. English verbal forms ending in ' -ing ', like ' dancing', have a two-fold function : they may be present participles, as in ' we were dancing ', or they may be used as nouns, as the subject or object of a sentence and after prepositions. In the latter case they are called ' gerunds ' :

I like dancing. The room is needed for dancing.

349. Dutch has no gerund. It either uses an infinitive preceded by *te*, or an infinitive without *te* :

Ik houd van dansen.	I like dancing.
Het is verboden hier te roken.	No smoking allowed here.
Niet parkeren.	No parking.
Hij ging weg zonder zijn *rekening te betalen.*	He went away without paying his bill (reckoning).

After verbs such as *staan, lopen, liggen, zitten* the infinitive is preceded by *te* (v. § 209) :

Hij staat te luisteren. He is listening.

Te is also used before an infinitive after many prepositions :

Door hard te werken. By working hard.

English ' for ' followed by a gerund is *om te* with infinitive in Dutch :

Hout om de kachel aan te   Kindling for lighting the fire.
maken.

350. Sometimes the Dutch infinitive is preceded by *met*,
' with '.

Schei uit met lachen (uit-   Stop laughing.
scheiden).

Ze ging door met schrijven.   She went on writing.

Sometimes another preposition is used :

Hij barstte in lachen uit.   He burst out laughing.

We zijn druk aan het pakken.   We are busy packing.

351. Quite commonly Dutch uses a dependent clause
instead of the English gerund :

We vinden het niet goed, dat   We do not like her coming
ze zo laat thuis komt.   home so late.

Toen we hoorden, dat de dok-   On hearing that the doctor
ter er was, gingen we naar   had come, we went up to
de ziekenkamer.   the sick-room.

Note also the following phrases :

Het heeft geen nut het te pro-   It is no use trying.
'beren.

Het heeft geen zin dat te   It is no good saying that.
zeggen.

Zin.   Sense.

Men kan niet weten of . . .   There is no knowing
     whether . . .

Het valt niet te zeggen of . . .   There is no saying
     whether . . .

Als het niet te veel van U   If it is not troubling you too
gevergd is . . .   much . . .

Vergen.   To demand or require.

Dit gaat te ver.   This is going too far.

Vocabulary

352. *de woede*, **vu·də**, rage
woeden, to rage
brullen, to roar
beuken, to dash or beat
de loods, pilot
de kust, coast or shore
'*opsteken*, to light
behagelijk, **bə'ha·xələk**, comfortably
zich '*neerzetten*, to sit down
zich voelen, to feel
ruim, spacious
de ruimte, space
dankbaar, **'daɳba:r**, grateful
dienst hebben, to be on duty
rustig, quiet(ly)
vergrijzen, to grow grey
deinen, to heave
de kotter, cutter
menige, many a
de schipbreuk, **'sxɪbrø·k**, shipwreck
het gevaar, danger
gevaarlijk, dangerous
nobel, noble(bly)
de plicht, duty
volgende, next, following

de '*koopman*, dealer, merchant
de passagier, **pasa'ʒi:r**, passenger
bestemd, destined
de Chinees, Chinezen, Chinaman (men)
onder, among
vluchten, to fly
zich vestigen, to settle
nederig, **'ne·dərəx**, humble (bly)
de arbeid, **'ɑrbɛit**, labour
trouwen, to marry
giechelen, **xi·xələ**, to giggle
'*nalaten*, to omit, help
bil'jarten, to play billiards
even'wel, however
verwennen, to spoil
dom, stupid
ruimschoots, **'rœymsxo·ts**, plentiful
de zak, pocket
rijden, to ride or drive
berijden, to ride
het bewijs, proof, certificate
het '*rijbewijs*, driving licence
verschuiven, to move
eindelijk, at last
dadelijk, at once

verlangen naar, to long for
het 'ogenblik, moment
verdienen, to earn, deserve
welverdiend, well-earned
het pensioen, pɛn'ʃuˑn, pension
weigeren, to refuse
het dorp, village
achten, to consider
bestellen, to order
bereiken, to reach
de loop, course

de 'uitgever, publisher
het exemplaar, ɛksəm'plaːr, copy
we hebben er geen bezwaar tegen, we don't mind
'meenemen, to take with one
de sleutel, key
'uitroepen, to exclaim
achterdochtig, ɑxtər'dɔxtəx, suspicious
er van 'door gaan, to decamp
weggooien, 'vɛxoˑiə, to throw away
voeden, to feed
'eenmaal, one day

Translate

353a. De regen stroomde neer, er woedde een loeiende storm en de golven beukten tegen de kust. Toen de oude loods de lamp opstak, en zich behagelijk in zijn ruime armstoel bij het laaiende vuur neerzette, voelde hij zich dankbaar, dat hij die avond geen dienst had, en rustig thuis kon blijven. Niet, dat hij bang was. Hij was in de dienst vergrijsd; hij voelde zich nooit gelukkiger, dan wanneer hij het dek van de deinende loodskotter onder de voeten had, en in menige schipbreuk op de gevaarlijke Hollandse kust had hij nobel zijn plicht gedaan. Maar hij begon oud te worden. Hij was de man niet meer, die hij geweest was, en hij verlangde naar het ogenblik, waarop hij zich met een welverdiend pensioen naar zijn geboortedorp zou kunnen terugtrekken. Hoewel mij gevraagd was de kinderen te helpen, weigerde ik. En ik zweeg, toen men mij vroeg waarom. Ik had kunnen zeggen, dat ik het de plicht van de moeder achtte voor haar eigen kinderen te zorgen, en dat zij daartoe goed in staat was, maar wie zou me geloofd hebben? We danken U voor het gezonden geld. De bestelde boeken zullen U in de loop van de volgende week per post bereiken. Toen de koopman van de markt thuis kwam, gaf hij zijn vrouw het geld, dat hij voor de verkochte koeien had ontvangen. De voor Hongkong bestemde passagiers waren voor het merendeel Chinezen. Er waren ook enige Fransen en Engelsen onder hen. Vele na de revolutie (**revo'ly·tsi**) uit hun vaderland gevluchte Russen hadden zich voor de oorlog in Londen en Parijs gevestigd. Daar verdienden ze hun brood met eerlijke, hoewel vaak nederige arbeid. Je bent klaar met schrijven, niet waar? Zij wil niet ophouden met giechelen. Ik kon niet nalaten te denken, dat werken beter voor hem geweest zou zijn dan dansen en biljarten. Hij was echter de verwende zoon van een goedhartige, domme vrouw, die hem steeds ruimschoots van zakgeld voorzag. Hoelang heb je die fiets al? Ik weet het niet precies, maar ik heb hem al jaren. Kun je chaufferen? Zeker. Heb je een rijbewijs? Nee. Als je geen rijbewijs hebt, mag je toch ook niet rijden? Dat mag ik ook niet.

b. There is no knowing what he will do, when he hears what you have said about him. There is no saying how angry he will be. If it is not troubling you too much, would you mind moving your chair a little? On hearing that the book had (*was*) appeared at last, my sister at once rang up the publishers, and ordered a dozen copies. We don't mind your staying out late, but take the key. He burst out laughing when he found me so busy packing. 'Stop laughing,' I exclaimed angrily. If you make so much noise, you will make the landlady suspicious, and I intend to decamp without paying my bill. You have peeled the potatoes, haven't you? Don't throw away the peels. The peels feed the pigs, and the pigs feed us! I should never have thought that I should be so poor one day, that I should have to wear cobbled shoes. Be silent. Why should I be silent? You will have to be silent. Was she silent? Why wasn't she silent? Will you be silent?

CHAPTER XXX

WEIGHTS, MEASURES AND FIGURES

354. In common with all other continental nations, the Dutch use the metric system of weights and measures.

The weights and measures in common use are the following :

De meter, divided into *centimeters* (cm), and *millimeters* (mm).

Zes meter stof.   Six metres of dress material.

Distances are measured in *kilometers* of 1000 *meters* each.

Een kilometer is ongeveer drie   A kilometre is about three-
vijfde mijl (de mijl).   fifths of a mile.

355. Weight (*het gewicht*) is expressed in *grammen*, grammes, and *kilogrammen*, kilogrammes.

In daily life the words *pond* and *ons* (*het pond, het ons*) are in common use :

Een pond is vijfhonderd   A pound is 500 grammes.
gram.
Een ons is honderd gram.   An ounce is 100 grammes.
Eens ons tabak (**ta'bʋk**).   More than three and a half
                                     English ounces of tobacco.

356. The cubic content of large objects, such as storage tanks, gasometers, etc., is expressed in *'kubieke meters.*

De inhoud van dit reser'voir   The cubic content of this
is tweeduizend kubieke   reservoir is 2000 cubic
meter.   metres.

357. The standard liquid measure is *de liter* (*duizend kubieke centimeter*), measuring rather less than an English quart.

Vijf liter melk.   Five litres of milk.

358. The standard coin is *de gulden*, divided into a hundred cents:

Een gulden is honderd cent(s).   A guilder has a hundred cents.

The plural of *cent* is both *cents* and *centen*. When we think of the individual coins, *centen* only is used:

Geef die bedelaar ('be·dəla:r)   Give that beggar a couple
een paar centen.   of cents.

There are two small silver coins: *het dubbeltje*, 10 cts., and *het kwartje*, 25 cts.

Lastly, there is a large silver coin, called *de rijks'daalder*, worth two and a half guilders, *twee en een halve gulden*, *twee gulden vijftig*, f. 2,50.

f. 1,25, *een gulden vijfentwintig*.
f. 3,75, *drie gulden vijfenzeventig*.

Bank-notes are of various denominations:

Een bankbiljet van vijfentwintig gulden, or, colloquially, *Een briefje van vijfentwintig*.

359. Names of weights and measures, when preceded by a numeral larger than one, are not pluralized:

Vijf pond suiker.   Five pounds of sugar.
Twee ons tabak.   Two ounces of tobacco.
Drie meter band.   Three metres of tape.
Zes meter ja'ponstof.   Six metres of dress material.

De jurk.   { Dress.
                     { A child's or young woman's frock.

360. Note that the word *of* in what is sometimes called the partitive genitive, is not translated by any equivalent word in Dutch.

Een pond koffie.   A pound of coffee.

Gulden is not pluralized when we think of the value :

Die hoed kost vier gulden.	That hat costs four guilders.
But : *Twee zilveren guldens.*	Two silver guilders.

The other coins always take the plural *s* in the plural:

twee dubbeltjes, vier kwartjes, vijf rijksdaalders.

Note :

Anderhalf pond.	A pound and a half.
Twee en een halve liter.	Two and a half litres.

2,25 M. $\left\{ \begin{array}{l} \textit{twee en een kwart meter,} \\ \textit{twee meter vijfentwintig.} \end{array} \right\}$ two and a quarter metres.

361. *Tall* is translated by *lang* and *hoog* :

Of a man we say : *Hij is* 1,72 M. (*een meter twee en zeventig*) *lang.* Of a tree : *die boom is tien meter hoog.*

362. In writing decimal fractions, the comma, not the full stop, is used : 2,5 ; 3,51 ; 5,001.
These are pronounced as follows :

2,5 : *twee en een half* ; *twee en vijf tienden* ; or colloquially : *twee komma vijf.*

3,51 : *drie en een en vijftig honderdsten.*
5,001 : *vijf en een duizendste.*

363. The full stop is used instead of the comma to divide long whole numbers into groups of three figures :

150.540.051 : *Honderd vijftig millioen, vijfhonderdveertig-duizend, eenenvijftig.*

Definite Article Instead of Possessive Pronoun

364. In referring to parts of the body and personal possessions, we sometimes use the definite article instead of the possessive pronoun :

Ze heeft de linkerarm bezeerd (bezeren).	She has hurt her left arm.
Hij heeft het rechterbeen gebroken.	He has broken his right leg.
Hij viel van de fiets.	He fell from his bicycle.
Ze gaan op de fiets naar kantoor.	They go to their office on their bicycles.

In every example except the last the possessive pronoun might have been used as well. In the last example *op de fiets* refers to a mode of conveyance, rather than to individual bicycles.

365. Note the use of the singular noun in Dutch and of the plural in English in the following sentences :

Ze hadden allemaal een fiets.	They all had bicycles.
Ze kregen elk een gouden horloge.	They all received gold watches.
Al de meisjes hadden een pop.	All the girls had dolls.
We hadden geld op zak.	We had money in our pockets.
Zij stegen te paard (stijgen).	They mounted their horses.

Vocabulary

366. *de zitkamer*, lounge
het fluweel, **fly've·l**, velvet
voeren, to line
de voering, lining
dubbel breed, *dubbele breedte*, double width
'uitgeven, to spend
gewoon, usual
gewoonlijk, usually
voo'ral, especially
de helft, the half
zaken doen, to do business
nuttig, useful(ly)
weten over, to know about

ik vind van wel, I think so

verschieten, to fade

gauw, quickly

ar'moedig, poor, shabby

goed staan, to suit

niet staan, not to suit

de 'uitverkoop, clearance sale

goed'koop, cheap

het pa'troon, pattern

de werkgever, employer, cartridge

'uitknippen, to cut out

naaien, to sew

de naaister, dressmaker

rechts, (to the) right

links, (to the) left

recht door, straight on

het tafelblad, table top

zeker, certain(ly)

U is zeker . . ., I suppose you are . . .

gebruiken, to use

lenen, to lend

even, just

tellen, to count

samen, tezamen, together

de trein, train

het retour, **rə'tuːr**, return (ticket)

de 'overvloed, plenty

over'vloedig, plentiful

het gewicht, weight

maten en gewichten, weights and measures

de maat, measure

laken, sheet

bij'voorbeeld, for instance

de 'olie, oil

vloeien, to run or flow

de vloeistof, liquid

iets minder, rather less

ont'houden, to remember

zich vergissen, to make a mistake

de munt, coin, mint

noemen, to call

bewaren, to keep (safe)

de portemonnaie, purse

los, losse, loose

veel waard, worth much

allerlei, all sorts of

de emmer, pail, bucket

warm water, hot water

vuur, live coals

de 'wasdag, washing-day

de knikker, marble

na'tuurlijk, natural(ly)

de na'tuur, nature

het loon, wage(s)

laag, lage, low

beschouwen, to consider

op het land, in the country

de 'eenheid, unit

of'schoon, although

gemiddeld, average

de 'huisvrouw, housewife

Translate

367*a*. Voor de nieuwe gordijnen in de zitkamer zullen we zesendertig meter fluweel en twintig meter voering nodig hebben. De voering is dubbel breed, daarom hebben we daar minder van nodig. Moeten de gordijnen gevoerd worden? Ik vind van wel: gevoerde gordijnen hangen beter, ze zijn warmer in de winter, en ze verschieten niet zo gauw. Niets staat armoediger dan verschoten gordijnen. Die hoed staat je goed. Wat kost hij? Drie vijfenzeventig in de uitverkoop. Goedkoop, niet? Dat is hij (ısti) zeker. Ik wou, dat ik ook groen kon dragen, maar groen en bruin staan me niet. Heb je nog meer in de uitverkoop gekocht? Ja, zes meter blauwe stof voor schoolrokken voor de meisjes. Ik heb een goed patroon, ik zal ze vanavond knippen, en dan kan de naaister ze morgen maken. Pardon, (pr. as in French) kunt U me zeggen hoeveel mijlen het nog is naar Arnhem? We rekenen hier niet met mijlen, meneer, maar het is nog twaalf kilometer. U neemt de eerste weg rechts, de derde links, en dan is het recht door tot U bij de rivier komt. U is zeker een Engelsman, dat U van mijlen spreekt? Ja, ik ben Engelsman, maar ik woon hier al zes jaar, lang genoeg om beter te weten. Dank U wel; goede morgen. Het tafelblad is 1,20 M. (één meter twintig) bij 0,90 M. (negentig centimeter). We hebben een groot gezin, en gebruiken iedere dag vijf liter melk en vier broden, twee witte en twee bruine. Heb je geld genoeg bij je, of zal ik je wat lenen? Ik zal het even tellen. Laat eens kijken, twee rijksdaalders, elf gulden, drie kwartjes, vijf dubbeltjes, en vijf centen. Dat is samen f. 17,30 (zeventien gulden dertig cent). De trein kost een rijksdaalder retour, en verder heb ik niets uit te geven dan drie vijftig voor mijn lunch. Ik heb geld in overvloed. Hij is één meter zeventig lang, en zijn broer één meter zeven en zestig. Dat huis van jou is erg hoog. Ja, Amsterdamse huizen zijn gewoonlijk hoog, vooral in de

oude stad. Wat is de helft van vijf? Twee en een half.
Hoe schrijf je dat? Twee komma vijf. We hadden
allemaal een horloge op zak. De patient (**pa'ʃɛnt**) heeft
de pols gebroken. De meeste kinderen in den Haag gaan
op de fiets naar school.

b. When one wishes to do business in Holland, it is useful
to know something about Dutch weights and measures.
Cloth, for instance, is not sold by the yard, but by the
metre. Oil and other liquids are sold by the litre. A litre
is rather less than a quart. The unit of weight is the kilo-
gramme, but the average housewife speaks of pounds.
One pound is five hundred grammes. The money is very
easy. Remember that a guilder has a hundred cents, and
you cannot make a mistake. Silver coins are very small.
The coin they call ' dubbeltje ' is so small that you can
easily lose it. Keep your money in your purse, and not
loose in your pocket. Nobody does in Holland. Years
ago there was yet another, very small coin: the half cent.
It was not worth much, but poor people could buy all sorts
of things with it, a pail of hot water or some live coals on
washing-day, or six marbles for the children to play with.
But of course wages were very low. Twelve guilders a
week was considered quite a good wage for a working-man,
and in the country it was much less. I remember the time
when milk was (cost) six cents a litre, and a large bottle
of beer ten cents.

CHAPTER XXXI

OLDER CASE FORMS

368. Except in the cases discussed in §§ 278–9, the genitive of masculine singular nouns is hardly ever used. Of feminine and plural nouns it is by no means rare. Among other things it provides a means of getting rid of too many prepositions in one sentence:

Het geld van de kinderen uit het eerste huwelijk zijner moeder. The money of the children of his mother's first marriage.

The spoken language would most likely express this as follows:

Het geld van de kinderen uit zijn moeder d'r eerste huwelijk.

There is never any need to use the older genitives, but the student should be able to recognize them when they occur.

369. Both the spoken and the written language preserve many traces of these genitive forms in standing expressions and proverbial sayings, especially in adverbial adjuncts of time. When the genitive precedes its head-word, the masculine singular *des* is generally shortened to *'s*.

's Mans kinderen waren hem al hun leven dankbaar. The man's children were grateful to him all their lives.

's Lands wijs, 's lands eer A country's customs, a country's honour

Or: Different countries, different customs.

Another instance is *'s-Gravenhage*, **sxra·vən'ha·gə,** the official name for the Hague, meaning ' the count's enclosed pleasure grounds '.

Adverbial adjuncts of time preceded by *'s* are particularly numerous:

's morgens.	In the morning
's middags.	In the afternoon.
's avonds.	In the evening.
's nachts.	At night.
Vijfduizend gulden 's jaars (**ʃa:rs**).	Five thousand guilders a year.

Also with some names of the days of the week:

's zondags, **'sɔndɑxs.**	On Sunday(s).
's maandags.	On Monday(s).
's woensdags.	On Wednesday(s).

In *donderdags, dinsdags, vrijdags*, and *zaterdags* the *'s* is omitted, though *zaterdags* is pronounced with an *s*: **'sa·tər-dɑxs,** showing the influence of a preceding *'s*, which has since disappeared.

370. The genitive with the full article *des*, placed after the noun it qualifies, is much more solemn, and consequently less frequent:

Het teken des kruises maken.	To make the sign of the cross.
In naam des konings.	In the king's name.
In de naam des Vaders, en des Zoons, en des Heiligen Geestes.	In the name of the Father, and of the Son, and of the Holy Ghost.
In het huis mijns Vaders zijn vele woningen.	In my Father's house are many mansions.

Examples of the feminine *der* are:

In naam der koningin.	In the Queen's name.
In naam der wet.	In the name of the law.

371. *Des* is also found in some compound adverbs:

Des'tijds.	At that time, at one time, some time ago.
Des'noods.	If necessary, in case of need, should need arise.
Deson'danks.	Nevertheless, in spite of this.
Desge'lijks.	Likewise.

Der also occurs in the indefinite pronoun *dergelijke(e)*, such, of this kind:

Ik vertrouw 'dergelijke men-sen niet.	I do not trust people of that kind.

372. Traces of an older dative are found in expressions like the following:

Iemand ter wille zijn.	To oblige a person.
Terwille van zijn kinderen.	For the sake of his children.
Ten behoeve van zijn kinderen.	On behalf of his children.
Metter'tijd.	In course of time, in due course.
Inder'tijd.	Some time since, at one time.
Te allen tijde.	At all times, at any time.
Toentertijd.	At that time, in those days.
'Dermate.	To such an extent.
Der'halve.	Consequently.
Van goede huize.	Of a good family.
Ten'einde.	In order (to).

373. The position of the personal pronoun before a following adjective in expressions like the following is also explained by the fact that the pronoun is, historically speaking, in the dative case:

Het lijkt me vreemd.	It seems strange to me.
Dat komt me zonderling voor.	That seems curious to me.

Zijn houding leek ons ver-dacht.	His attitude seemed suspicious to us.
Het zal ons aangenaam zijn.	We shall be pleased.
Aangenaam.	Agreeable.
Het valt me zwaar.	I find it hard.

Vocabulary

374. The following list not only contains the words used in exercise 375, but also shows their derivation, and the way in which they have been built up. It should be carefully studied. The exercise itself is more difficult than any preceding one, and no attempt need be made to memorize it; some of it differs considerably from spoken Dutch.

de liefde, love
rijk, rich
liefderijk, loving, devoted
zoet, sweet
verzoeten, to sweeten
leiden, to lead
de leiding, guidance
de stap, step
roeren, to sir
roerend, moving
het spreekwoord, proverb
de moeite, trouble
de betrekking, post
weliswaar, vɛlɪz'vaːr, it is true that
niettemin, ni·tə'mɪn, nevertheless
de daad, deed
lief'dadig, charitable
de lief'dadigheid, charity
drukken, to press

opofferen, to sacrifice
de zelfopoffering, self-sacrifice
missen, to do without
bedenken, to remember
'aanzien, to behold
de gewoonte, custom, habit
vluchtun, to fly, flee
de vluchteling, fugitive
'opbrengen, to bring in
meestal, most times
af'hankelijk, dependent
onlangs, the other day
het woordenboek, dictionary
het teken, sign, token
betekenen, to signify, mean
duidelijk, clearly
'uitleggen, to explain
het niet breed hebben, not to be well off
vast, fixed, assured

uitdrukken, to express
uitdrukking, expression
trouwens, for that matter
'roundkomen, to make both ends meet
de spoed, speed
spoedig, speedily, quickly
wennen aan, to get used to
verzekeren, to assure, insure
de nood, need
node, reluctantly
zwak, weak
verzwakken, to weaken
gebruiken, to use, take
kort, short
'afkorten, to abbreviate
'afkorting, abbreviation
passen, to fit or suit
passend, suitable
'opnemen, to take in
'opname zoeken, to seek admission
in kwestie, in question
'bezig, **be·zəx,** occupied, busy
de 'bezigheid, occupation
adver'teren, to advertise
de adver'teerder, advertiser
verband houden met, to be connected with
verplegen, to nurse
de verpleging, nursing

heen, away
'staande houden, to stop
bekeuren, to take a person's name (said of a policeman)
om'geven, to surround
de om'geving, surroundings
insgelijks, the same to you
de 'hoofdstad, capital
scheiden, to part
'afscheid nemen, to take leave
voeden, to feed
het voer, fodder
het voedsel, nourishment
'vloeibarr, liquid (adj.)
tal van, numerous
de vreemdeling, stranger, foreigner
laatst, the other day
vlak, flat, level; here: right
klaar, clear
verklaren, to make clear, explain
de dienst, service
de 'godsdienst, religion
de 'kerkdienst, religious service
buitens'huis, outside the house, out of doors
schaven, to plane
beschaafd, civilized, cultured
beschaven, to civilize
de beschaving, civilization, culture

Translate

375. De liefderijke verpleging van zijn goede vrouw, en de zelfopoffering van zijn kinderen (zijner kinderen) verzoetten

hem die laatste bittere maanden. Wie onzer kan in zijn
jeugd de leiding van een goede vader missen? Geen van U
weet wat deze stap mij heeft gekost. Ga heen, en doe
desgelijks. 's Mans dankbaarheid was roerend om aan te
zien. Sommige Hollandse gewoonten mogen U in het
eerst vreemd schijnen, maar bedenk het spreekwoord:
's lands wijs, 's lands eer. 's Morgens staan we vroeg op,
en werken hard teneinde 's middags en 's avonds vrij te
zijn. Na veel moeite vond de arme vluchteling een kleine
betrekking, die hem tien pond per week opbracht. Weliswaar moest hij meestal ook 's zondags werken, en viel de
arbeid hem zwaar, maar hij was niettemin blij niet langer
afhankelijk te zijn van de liefdadigheid van anderen.
Onlangs las ik in een boek de uitdrukking 'des daags'.
Wat betekent dat? Ik kan het niet in mijn woordenboek
vinden. 'Des daags' is een oude genitief ('genitif), en
betekent 'in the day-time'. De gewone uitdrukking is
'overdag'; bij'voorbeeld: we werken overdag, en slapen
's nachts. In naam der wet, open de deur! Ik heb het
hem destijds duidelijk genoeg uitgelegd, maar hij schijnt
het weer vergeten te *zijn*. Ik wil je het geld desnoods wel
lenen, maar je zult het me moeten terugbetalen, want ik
heb het zelf niet breed. Het lijkt me trouwens vreemd,
dat je met een vast inkomen van tien duizend gulden jaars
niet rond kunt komen. Hij sprong op zijn fiets en reed
weg zonder licht, teneinde spoedig thuis te zijn, maar een
agent hield hem staande, en bekeurde hem. Ik wens U een
gelukkig nieuwjaar. Insgelijks, dank U! Indertijd woonde ik in een kleine pro'vinciestad in het zuiden van ons land.
Toentertijd was ik jong, en ik was zelden van huis geweest.
Veel in mijn nieuwe omgeving was me daarom vreemd,
maar mijn vrienden verzekerden me, dat ik er mettertijd
wel aan zou wennen, en toen mij na enige jaren een betere
betrekking in de hoofdstad des lands werd aangeboden, nam
ik met moeite van mijn nieuwe vrienden afscheid. De
patient was dermate verzwakt, dat hij alleen nog maar

vloeibaar voedsel kon gebruiken. In advertenties vindt
men vaak tal van afkortingen, die niet iedere vreemdeling
op het eerste gezicht zal begrijpen. Zo las ik laatst: Jonge
dame, v.g.h. zoekt een haar passende betrekking. En vlak
daar onder: Heer, R.K., z.b.b.h., zoekt opname in besch.
gez. als bet. logé. Laat me U deze afkortingen verklaren.
V.g.h. betekent ' van goede huize '. R.K. betekent Rooms
Katho'liek, en P.G. ' Protestantse godsdienst. ' De heer in
kwestie zoekt dus opname in een Katholiek gezin. Z.b.b.h.
wil zeggen ' zijn bezigheden buitenshuis hebbende '. Hij
zou dus niet de hele dag thuis zijn. ' Out most of the day '
zou een Engelse adverteerder zeggen. Besch. gez. betekent
' beschaafd gezin ', en bet. is ' betalend '. Een logé of
logee (loˈʒeˑ) is een gast. Het woord houdt verband met
het werkwoord logeren (loˈʒeːrən), ' to stay with a person
as his guest '. Zo zeggen we: hij komt volgende week
een maand bij ons logeren.

CHAPTER XXXII

TRANSLATIONS

Vocabulary

376. *belangrijk,* **bə'laŋrɛik,** important

door-de-weekse dag, week-day

de reis, journey

het bezwaar, obstacle

onmogelijk, impossible

de afstand, distance

het bezoek, visit

zich verheugen op, to look forward to

maandenlang, for months

eigenhandig, with his (her) own hand

rondsturen, to send round

het familielid, relative

naaste, nearest

nauwkeurig, **nɔu'køːrəx,** accurate, careful

verwachten, to expect

het broodje, roll

ontvangen, to receive

groots, grand

schoonzuster, sister-in-law

aangetrouwd, married into the family

gezin, family

gymnasium, **ɡɪm'naˑsiəm,** grammar-school

Technische Hogeschool, College of Technology

kunstgeschiedenis, history of art

scheikunde, chemistry

van school komen, to leave school

op 't ogenblik, at the moment

vakantie hebben, to be on holiday

het druk hebben, to be busy

de wijnhandel, the wine merchant's shop

verdienen, to earn

hard nodig hebben, to need badly

zich tevreden stellen met, to content oneself with

de gast, guest

de wandeling, walk

het middagslaapje, afternoon nap

zich verzamelen, to assemble

ditmaal, this time

schenken, to pour (serve)

duren, to last

een trein halen, to catch a train

bovendien, **bo·vən'di·n,** moreover

buiten de stad, outside the town

de jarige, person celebrating his birthday

natellen, to check

het afdankertje, cast-off

zijn best doen, to do one's best

meetkunde, geometry

het slechte cijfer, bad mark

vak, subject

de taak, holiday-task

de klant, customer

het baantje, job

rondleiden, to show round

bijzonder, **bi'zəndər,** special

de tentoonstelling, exhibition

het Rijksmuseum, national museum

Translate

Grootvader's Verjaardag

377. Zondag 1 augustus werd een heel belangrijke dag voor de familie Wiersma uit Amsterdam, want grootvader Wiersma zou dan tachtig jaar worden. Het kwam prachtig uit dat het net op een zondag viel, want nu konden ze er allemaal heen. Op een door-de-weekse dag had dat niet gekund, want het is een hele reis van Amsterdam naar Groningen, grootvader Wiersma's woonplaats. Die afstand kun je omnogelijk op een avond heen en weer afleggen. Maar nu het een zondag was konden ze de hele dag voor dit bezoek nemen en was de lengte van de reis geen bezwaar.

Grootvader had zich al maandenlang verheugd op deze familiereunie, en zijn eigenhandig geschreven nitnodigingen had hij zes weken voor zijn verjaardag rondgestuurd aan al zijn naaste familieleden. Het programma voor de grote dag had hij nauwkeurig uitgedacht. Iedereen werd om een

uur of een verwacht in het oude huis aan de Hoogstraat,
waar ze ontvangen zouden worden met koffie en broodjes.
Daarna konden de gasten een wandelingetje door de stad
gaan maken, terwijl grootvader en grootmoeder hun
middagslaapje deden.   Dan zouden ze zich weer allemaal
om een uur of vier zerzamelen, ditmaal in het Parkhotel,
waar eerst een kopje thee gedronken en later een glaasje
geschonken zou worden.   Om zes uur volgde dan het diner.
Dat diner mocht niet al te lang duren, want alle familieleden
die van buiten de stad kwamen moesten hun laatste trein
kunnen halen.   Bovendien was het voor de jarige zelf ook
beter als hij niet te laat naar bed ging.

Het zou een groots diner worden; met zijn een-en-
vijftigen zouden ze zijn; allemaal Wiersma's.   Even
natellen : grootvader zelf, zijn drie broers met hun vrouwen,
zijn schoonzusters dus, en grootmoeder.   Dan zeven zoons
en zeven schoondochters.   Verder vijf-en-twintig echte
kleinkinderen en vier aangetrouwde.

De Amsterdamse familie Wiersma, het gezin van grootvader's tweede zoon, had nog geen aangetrouwde kinderen.
Van hun vier kinderen studeerden er twee aan de Universiteit en zaten er twee op het Gymnasium.   Jan studeerde
aan de Technische Hogeschool in Delft en Hanneke deed
kunstgeschiedenis aan de Universiteit in Amsterdam.
Herman zat in de vijfde klas van het gymnasium, en was
van plan om scheikunde te gaan studeren.   Annelies zat
nog maar in de tweede, en wist nog helemaal niet wat ze
ging doen als ze van school kwam.   De twee schoolkinderen
hadden op 't ogenblik natuurlijk vakantie, maar ze hadden
het toch heel druk.   Herman werkte bij een wijnhandel
om geld te verdienen voor een nieuwe fiets, die hij hard
nodig had.   Tot nu toe had hij zich tevreden moeten stellen
met een afdankertje van zijn vader.   Annelies had dit
jaar niet zo erg haar best gedaan en slechte cijfers gehaald
voor Frans en Meetkunde; zij had voor beide vakken een
taak opgekregen.   Herman kwam iedere avond thuis vol

verhalen over de nieuwe wijnsoorten die hij had leren kennen, over de klanten, en over de verhalen die hij gehoord had van de student die ook een baantje had in die winkel. Hanneke leidde dagelijks mensen rond door het Rijksmuseum, waar een bijzondere tentoonstelling gehouden werd.

Vocabulary

378. *het spook*, the ghost
de pas'toor, parish priest
ik kwam langs, I came by
het 'kerkhof, churchyard
de schaduw, **'sxa·dyu**, shadow
de smede'rij, smithy
de hoef, hoeven, hoof
de be'langstelling, interest

het ijzer, iron
het hoefijzer, horse-shoe
'toekijken, to look on
de neus, neuzen, nose
gloeien, to glow
reiken, to stretch
'rood'gloeiend, red hot
'toereiken, to hold out.
'weglopen, to run away
hard, fast

Translate

The Young Man and the Ghost

379a. A young man went to the parish priest of his village and told him that he had seen a ghost. 'When and where?' asked the priest. 'Last night', the young man replied. 'I was coming by the church, and on the church-yard wall, there stood the ghost.' 'And what did the ghost look like?' 'It had the appearance of a donkey.' 'Go home, and do not talk about it to anyone,' said the priest. 'You were frightened by your own shadow.'

The Soldier and the Horse-shoe

b. One day a soldier was standing in the entry of a smithy. The smith had a horse-shoe in the fire, and the soldier looked on with great interest. 'Get out of my shop,' exclaimed the smith, and taking the red hot iron out of the fire, he held it under the soldier's nose. But the soldier replied: 'If you give me a shilling, I will lick it.' The smith took a shilling from his pocket, and held it out to the soldier. The soldier took the coin, licked it, and ran away as fast as he could.

CHAPTER XXXIII

TRANSLATIONS

Vocabulary

380. *gemakkelijk*, easily
in het buitenland, abroad
ongetwijfeld, without any doubt
de gezellige dag, pleasant day
zeilen, to go boating, sailing
vertrekken, to leave
het windjak, windcheater
de trui, jersey
breien, to knit
geen sprake van, no question of
het kado, **ka'do,** present
kopen, to buy
trouwens, for that matter

apart, **a'part,** separately
besluiten, to decide
afdrukken, to print
daarvoor, for it
het vilt, felt
bladwijzer, bookmark
eigen, own
de middag vrij, afternoon off
rondkijken, to have a look round
antiek, antique
het wijnglas, wineglass
de tabaksdoos, tobacco-box
zeker, certain(ly)
het feest, party, celebration

Translate

Grootvader's Verjaardag (contd.)

381. Met haar kennis van de kunstgeschienis had ze dit baantje gemakkelijk kunnen krijgen. Het volgend jaar zou ze het geld, dat ze hiermee verdiende, hard nodig hebben voor de excursies naar het buitenland die ze dan met de pro-

fessoren en studenten van haar faculteit moest maken.   Jan
was niet thuis.   Hij was in Delft, hoewel het vakentie was.
Hij was in roeitraining en kon daarom pas zaterdagmiddag
thuiskomen.

Meneer Wiersma zelf had het heel druk op kantoor op
't ogenblik, en hij verheugde zich op de gezellige dag in
Groningen en op zijn vakantie daarna: twee weken zeilen
in Friesland met zijn vrouw en de vier kinderen. Ze
zouden op 5 augustus vertrekken, dus was mevrouw
Wiersma al bezig de kleren voor de vakantie in orde te
maken. Herman was uit zijn windjak gegroeid, dus dat
kon Annelies nu mooi krijgen. Ze was ook een dikke trui
voor Hanneke aan het breien. De hele familie had het dus
druk, en er was geen sprake van dat ze met zijn allen samen
een cadeau voor grootvader konden gaan kopen. Trouwens,
de kinderen wilden liever allemaal apart iets geven. Jan
en Hanneke hadden besloten samen te doen; Hanneke
fotografeerde graag, en had haar beste foto's van het laatste
jaar opnieuw laten afdrukken. Jan zou voor een album
daarvoor zorgen. Annelies had een bladwijzer van vilt
gemaakt, en Herman ging een goede fles wijn kopen in
' zijn eigen wijnhandel '. Meneer en mevrouw Wiersma
zelf moesten nog op hun cadeau uit. Meneer Wiersma zou
daar een middag vrij voor nemen, en dan zouden ze eens
rond gaan kijken. Misschien twee antieke wijnglazen om
de wijn van Herman uit te drinken, of een leuke oude tabaksdoos. Maar één ding was zeker: op zondagmorgen 1
augustus zou de familie Wiersma uit Amsterdam om negen
uur in de trein naar Groningen zitten, op weg naar het
familiefeest in het noorden.

Vocabulary

382. *'doorbrengen*, to spend
de graad, degree
nodig hebben, to need
de ba'zaar, bazar
ik hoef toch niet . . .,
  after all, I need
  not . . .
in volle gang, in full
  swing
treden, to tread
'binnentreden, to enter
op iemand 'toetreden, to
  walk up to a person
het jong'mens, the
  young man
van plan zijn, to intend
het 'zakboekje, note-
  book
'aantekenen, to note
  down
de 'aantekening, note
het stalletje, stall
pardon (French pron.),
  excuse me
de 'badzeep, bath-soap

het bezoek, visit
bezoeken, to visit
de wereld, world
'wereldbe'roemd, world-
  famous
de musicus, **'my·zikœs,**
  musician
muzi'kaal, musical
de ma'nier, manner
op'mijn manier, in a small
  way
de over'stroming, flood
bereiken, to reach
de rivier af, down the river
totdat, **tɔ'dɑt**, until
begeleiden, to accompany
dik, stout
de 'dierentuin, zoological gardens
er 'bij staan, to stand looking
  on
de 'oppasser, attendant
'glimlachen, to smile
even, just
ruim genoeg, ample, ' heaps '

Translate

383a. ' Where are you going to spend your holidays? '
asked someone of his friend. ' I am going to Bournemouth,'
replied the latter. ' Bournemouth! ' exclaimed the first
speaker, ' don't you know that it is ninety degrees in the
shade there? ' ' But, after all, I need not go and sit in the
shade,' said the other.

b. The bazar was in full swing, when a young man came in, who evidently did not intend to buy anything. A young lady walked up to him. ' Will you buy this note-book? ' she asked. ' No, thank you, I never make notes.' ' Then buy a box of cigarettes.' ' Excuse me, but I don't smoke.' ' Then perhaps this box of bonbons.' ' I never eat chocolates.' The young lady patiently looked round her stall. ' Sir,' she said, ' then buy a piece of bath-soap ! ' The young man paid.

c. A famous American novelist during a visit to New York once met a world-famous pianist. ' I am also a musician in a small way,' said the author. ' My musical talent once saved my life. There was a great flood in our village, and when the water reached our house, my father climbed on to the kitchen table, and floated down the river until he was rescued.' ' And you? ' asked the musician, deeply moved. ' Oh, I,' said the author. ' I accompanied him on the piano.'

d. A stout lady at the Zoo stood looking on while the lions were being fed, and was surprised to see how little the animals got to eat. ' That seems to me a small piece of meat for a lion,' she said to the attendant. The man smiled. ' Perhaps that is little for you, lady,' he said, ' but it is heaps for the lion.'

CHAPTER XXXIV

TRANSLATION

Vocabulary

384. *open'baar*, public

laag, low

de lagere school, elementary school

ter ge'legenheid van, on the occasion of

wonen, to live, dwell

'bijwonen, to attend

het congres, **kɔŋ'grɛs**, congress

erg 'eenzaam, very lonely indeed

het menu, **mə'ny**, menu

anders, otherwise

Pools, Polish

Polen, Poland

Hongaars, **hɔŋ'gaːrs**, Hungarian

Hongarije, **hɔŋga'rɛiə**, Hungary

de kelner, waiter

na'bij, near

de na'bijheid, neighbourhood

het 'toeval, chance

toe'vallige ont'moeting, chance meeting

bed'legerig, confined to bed

passen op, to look after

gebeuren, to happen

'aanleggen, to moor, touch, arrive

'talrijk, numerous

gezellig, sociable, snug

het gezelschap, company, society

de reiziger, traveller

de reizigster, female traveller

het bil'jet, ticket

de 'hofmeester, steward

de hofmeeste'res, stewardess

de hut, cabin

delen, to share, divide

er wordt om zeven uur gegeten, dinner is at seven

keus (from *kiezen*), choice

de 'voorkeur, preference

er de voor'keur aan geven, to prefer

het dek, deck

wisselen, to change

het to'neel, scene, stage

de oever, bank

de bios'coop, the pictures

hecht, firm

het'geen, which

de 'vriendschap, friendship

beide malen, both times

ont'wikkelen, to develop

(be)merken, to notice

licht, easily

waardig, worthy

merk'waardig, remarkable

des te merk'waardiger, all the more remarkable

Pasen, Easter

Pinksteren, Whitsun

een dag of vijf, four or five days

genieten van, to enjoy

bewonderen, to admire

de vrien'din, female friend

enig, only

'overblijven, to remain, to be left

enige overgeblevene, sole remaining member

verklaren, to declare, explain

er naar verlangen, to long for it

op haar beurt, in her turn

'gadeslaan, to watch

even voor'bij, just past

de hut, berth

het geklop, knocking

de pa'trijspoort, port-hole

een'tonig, monotonous

het huwelijk, marriage

*de echtgenoot, -genote, hus-*band, wife

de 'hutgenote, lady who shared her cabin

evenwel, however

pas'seren, to pass

op raad van, on the advice of

de eetzaal, **'e·tsa·l,** dining saloon

'uitsteken, to stick out

uit'stekend, excellent

de smaak, taste

smaakvol, tasteful

smakelijk, tasty

zich goed laten smaken, to enjoy

'opmerken, to notice, observe

zich verbreden, to broaden

de 'scheepswerf, ship-yard

de fa'briek, factory

de schuit, **sxœyt,** barge

de toren, tower, steeple

zich verheffen, to rise up

de kant, side

naar beneden, down(stairs)

bij'een zetten, to put together

de fooi, tip

Translate

385. Juffrouw Harrison en juffrouw de Man waren beiden onderwijzeres aan een openbare lagere school, de een in Dulwich, en de ander in den Haag. Ze hadden elkaar voor het eerst in Zwitserland ontmoet bij gelegenheid van een congres dat ze beiden bijwoonden, en waar juffrouw Harrison, die alleen was, en geen andere taal dan Engels verstond, zich de eerste dag erg eenzaam had gevoeld. Dat was alles anders geworden, toen ze aan het diner juffrouw de Man had ontmoet. Juffrouw de Man sprak Engels, en vertaalde het menu voor haar; ze sprak ook Frans en Duits, en praatte met de kelner en met een Poolse en een Hongaarse dame die in hun nabijheid zaten. Die avond gingen ze samen naar de bioscoop, en uit deze toevallige ontmoeting had zich tussen hen een hechte vriendschap ontwikkeld, hetgeen des te merkwaardiger was, omdat ze beiden op een leeftijd waren waarop men niet gauw nieuwe vrienden maakt. Juffrouw de Man, die samenwoonde met een veel jongere zuster, was al tweemaal bij juffrouw Harrison te logeren geweest, eens tien dagen met Pasen, en daarna nog een dag of vijf met Pinksteren, en beide malen had ze genoten. Ze had het mooie oude huis bewonderd, waarin haar vriendin en haar moeder woonden als enige overgeblevenen van een groot gezin; ze had elke dag door Londen gezworven en had zoveel gezien, dat de oude mevrouw lachend verklaarde, dat haar gast Londen beter kende dan zijzelf. En nu verlangde ze er naar haar vriendin op haar beurt bij zich io den Haag te zien.

De moeilijkheid was de oude mevrouw, die sedert enige jaren bedlegerig was, en 's nachts niet alleen kon blijven. Maar haar jongste dochter had beloofd op moeder te komen passen terwijl 'Lettie' in Holland was, en zo gebeurde het, dat juffrouw Harrison op een mooie augustus avond op de pier te Gravesend op de Hollandse boot stond tet wachten, die precies op tijd aanlegde om haar en een groot

gezelschap andere reizigers aan boord te nemen. Ze liet
haar biljet aan de stewardess zien, die haar naar een hut
bracht, die ze met een andere dame moest delen, en die haar
vertelde, dat er om zeven uur gegeten werd.   Maar juffrouw
Harrison gaf er de voorkeur aan aan dek te blijven en het
wisselend toneel op de beide oevers gade te slaan, totdat
even voorbij Margate de koude zeewind haar naar haar hut
dreef.   De volgende morgen werd ze door een klop op haar
deur gewekt, en uit de patrijspoort kijkende, zag ze een
lichtschip met een rood wit en blauwe vlag en een lage
eentonige kust met hier en daar een huis.   Ze kleedde zich
haastig aan om haar hutgenote de gelegenheid te geven op
te staan, en ging aan dek, waar ze de meeste reizigers reeds
verzameld vond.   Er was evenwel nog niets te zien.   Ze
waren Hoek van Holland juist gepasseerd, en het was koud
aan dek.   Oop raad van de hofmeester ging ze dus naar de
eetzaal, waar ze zich een uitstekend ontbijt goed liet smaken.
Toen ze weer aan dek kwam, merkte ze dadelijk op, dat de
rivier zich verbreed had, en dat de oevers bedekt waren met
scheepswerven en fabrieken.   Overal waren schepen, van
grote mailboten tot kleine schuiten, en de huizen en torens
van Rotterdam verhieven zich aan alle kanten.   Juffrouw
Harrison ging naar beneden om haar bagage (**ba'ga:ʒə**)
bijeen te zetten, en de hofmeesteres haar fooi te geven.

PART II

KEY TO THE EXERCISES

PART II

KEY TO THE EXERCISES

66a. The man, the child, the women, the children, the babies, a child, a horse, a sheep, a little sheep, sheep, the male animal, horses, uncles, a cook, a son.

b. Mannen, de man, kinderen, een kind, vrouwen, de tafels, een tafel, paarden, een paard, schapen, een schaap, zoons, de zoon, een zoon, de zoons, thee, melk, een schaapje.

c. The sea, the beer, more beer, the boat, the boats, a boat, a foot, little feet, the farmers, a farmer, the door, the little door, the beds, pens, a cat, the little cats (kittens).

d. de pan, een pan, het katje, een pen, pennen, bedden, een deur, deuren, het deurtje, deurtjes, boeren, voetjes, de voet, boten, een boot, het bier, meer bier, de pil, een pil, pillen.

73a. Have you a clock in the room? She has a table, a cupboard and a chair. Have you a carpet? He has four rooms. Eight horses and nine sheep. Ten curtains. John has a cow and a calf.

b. Zij hebben een vuur. Heeft U twaalf stoelen en drie tafels? Heeft de kamer twee ramen? De mannen hebben zes paarden. De kok heeft een zoon. De oom heeft vier zoons.

c. The farmer has twelve sheep. Two cupboards and a lamp. The century. Two centuries. The ship has a screw. The ship has two screws. She has a box of soap. The cat has claws. We have four cushions.

d. Jullie hebben vier kussens en drie stoelen. Drie eeuwen. Heeft het schip twee schroeven? Heeft het katje klauwen? De kast heeft twee deurtjes. Jan heeft zeven pennen. Drie bedden. Vier kleden.

78a. Here is father. There are father and mother. Where is she? Where is the staircase? Are the children in the garden? How many doors and windows has the house? Are you the cook? Are you John? Has the farmer fourteen sheep and twenty horses? Where is the bread? Here is a roll for you. A cup of tea. The walls of the house.

b. De vloer van de kamer. De vloeren van de kamers. De muren van de huizen. 'Ben je daar, Jan? Daar is het licht. Moeder, waar is het glas? Heeft het kind een bord? Hebben de kinderen borden? Daar is de trap. Het kleed op de vloer. De man op het paard. Oom, heeft U de gordijnen en de stoelen?

c. There are the carpets. The cups and the glasses are in the cupboard. The children are in the rooms. Where are the six glasses? Thirty tea-cups. The house has twenty-eight windows and sixteen doors. How many curtains has uncle? Uncle has twenty-four curtains. Thirty-eight small plates. We have thirty-six rolls for eighteen children.

d. Zijn de kleden op de vloeren? Zijn de glazen in het kastje? Zijn de zesentwintig kinderen in de tuin? Zes glazen en zeven theekopjes voor negen mannen en vier vrouwen. Heeft het huis veel deuren en ramen? De lichten in de kamers. Een huis heeft vier muren. De trap van het huis. De trappen van de huizen.

82a. My book is in the cupboard. His books are in his locker at school. Who has her cup? John, where are our rolls? Your room is next to mine. Their house is next to ours. Bring me two glasses of milk and four cups of tea. The plate is mine. No, it is hers. Are the spoons yours? Is this your fork? There are their friends.

b. De kast is van mij. Neen, hij is van haar. Is Uw vriend op school? De mijne is thuis. Onze vriend is ziek. Hij is in bed. Zijn de vorken van jou? Neen, ze zijn van haar. Is zijn kopje thee op de tafel? Ja, en het hare ook.

87a. Were you at home? No, I was at school. Father was at the office. My uncle had ten houses. Were the ten houses hers? No, they were his. Had she twelve spoons and forks? Yes, and two dozen tea-spoons. The tea-spoons were not hers. Where was his office? At Rotterdam. Mine is at Amsterdam.

b. Wij waren niet thuis. Waren zij op kantoor? Had je oom huizen? Waren ze van mij? Is het van U of van haar? Jouw broer is ziek, maar de mijne is niet ziek. Jan was op school. Geef het meisje haar boeken. Hier zijn de hare, en daar zijn de onze. Geef mijn vriend zijn boek. Geef mijn vrienden hun boeken. Deze vierenveertig lepels zijn van mij. De kok heeft tweeëndertig dozijn vorken. Ze was niet op kantoor. Ik ben vijftig en mijn broer is achtenveertig. Zesenveertig glazen melk en twee kopjes thee voor tweeënveertig kinderen en twee vrouwen.

101a. The farmer sows the corn. Don't you believe him? No, of course not. He is always lying. Is he going to his office? He is trembling. Why is he trembling? Is that dog yours? He buys his tobacco in that shop. What are you doing here? Do not stay in this room, it is cold here.

b. Zaait de boer zijn koren in de winter? We geloven je niet. Natuurlijk niet. Je liegt altijd. Gaat U naar kantoor? Waarom beeft ze? Beeft ze? Deze hond is niet van haar, hij is van mij. Wat doet hij nu? Koopt hij tabak?

c. He is not going to this shop. Don't you believe me? Why not? I am not lying. That coat is mine. Yours is in that cupboard. Where do they buy their coats? They always buy their coats in my shop. It is always cold in winter. Does your mother read this book? Of course she is reading it.

d. Eet dit brood. Lees deze boeken niet. De boeren zaaien hun koren. We gaan niet naar kantoor. Koopt

hij een jas? Is het koud in uw kamer? Heeft U geen
vuur? Blijf hier, ga niet in de tuin. Vader is ziek. Hij
blijft in zijn kamer. Is deze tabak van hem? Neen, die is
van mij.

111a. Did you hope that? They did not hope it. Who
hoped it? Hoping. Hoped. Your sister talked too
much. Do not talk so much. The water was boiling.
Boil those eggs three minutes. They were fishing in the
North Sea. Have they fished in the North Sea? He
laughed at the story, but we did not. We did not laugh.
Why did she grumble? Hadn't she enough money?
The children trembled with fear. Promise me that. Did
he believe us? You must not prompt the other children.
Drie en twintig, honderd zeven, honderd, duizend, zeventien
honderd tachtig.

b. Hoopten ze het? Ik hoopte het niet. Wie geloofde
hem? Praatte mijn broer te veel? Wie kookte deze
eieren? Bakte hij die eieren? Lach niet om dat verhaal.
Het is te ernstig. Wij lachen niet. Wie morde? Hij
heeft gemord. Morde de man? Beefde de vrouw van de
kou? De molenaar maalde het koren. Het vuur brandde
in mijn kamer; het was koud. Ze kookte de eieren vijf
minuten. Zijn zuster herinnerde mij aan het verhaal.
Je moet je vriend niet aan dit verhaal herinneren. Hij is
ziek, en het is te ernstig. Het is zondag, en we gaan niet
naar school. Maandag, woensdag, vrijdag, dinsdag, donderdag, zaterdag.

117a. We have chosen it. He chose a walking-stick.
She chose a hat. Stay here. Why did she stay at home?
You must stay at home. Why? I am not ill. I once
rode on a camel in Egypt. He rode to the office on his
bicycle. They fought like heroes for their native country.
Take care, that dog bites. He bit the child. We were
sliding on the ice. Look, there is your father. Have you
looked?

b. We kozen een wandelstok. Zij kiest een hoed. Ze heeft gekozen. Waarom blijf je thuis? Moet je thuis blijven? Je bent niet ziek. Je bent lui. Ik reed op een ezel op het strand. Twee ezels. Pas op! Deze hond bijt. Hij heeft gebeten. Ik gleed op het ijs. Ik keek naar mijn moeder. We hebben gekozen. Grepen ze een dozijn fietsen? Grijp die hond, nij bijt. Neen, hij bijt niet. Waarom is je broer zo lui? Januari, maart, mei, woensdag, juli, donderdag, september, zaterdag, februari, zondag, juni. Deze helden hebben voor hun vaderland gestreden.

126*a.* I shall read the letter. Will you read the letter? Have they read the letter? They will not have read the letter. Who has read the paper? Will he get up presently? He has got up. Has she had a fall? She would have fallen. My mother died in the year nineteen hundred and fifty-five. I was in London yesterday. My grandfather forbade it. Will my grandmother forbid it. We were riding on a donkey. Have you ridden on a donkey?

b. Hij is grootvader geworden Hij stierf. Stierf hij? Is hij opgestaan? Hij zal opstaan. Hij zou opstaan. Zijn jij en je zuster verdwaald? Hij is verdwaald? Is hij gegaan? Zal hij gaan? Wij waren gegaan. Zullen we gaan? Ging ze naar Londen? Gaat ze naar Londen? Heeft U het verboden? Verbieden ze het? Zal je het verbieden? Zou je verbieden? Bood hij honderd gulden? Zal hij bieden? Zou hij geboden hebben? Ze ging naar Parijs. Ga je naar Brighton?

135*a.* You cannot go wrong, the way is easy to find. I cannot go, I have no time. I shall be able to go to-morrow. It cannot be true, I do not believe it. Shall we be able to ride? Can you ride on a camel? No, but I once rode on an elephant. Do not lie. Did she lie? Has he lied? Would he have lied? Did you fire? It is freezing. He has one ship, but we have forty-three ships. The roofs of

the houses of our town. Twelve Dutch cities. Can't he
do that? It is so easy. It is Saturday, the eighteenth
of April; she may still come. I lost ten guilders, but she
has lost a hundred and twenty-five guilders. June the
second, sixteen hundred and sixty. Tuesday, January
the twenty-seventh, nineteen hundred and sixty-two.

b. Ze kunnen niet verdwalen. Ik koos een das. Zij
hebben twee dozijn dassen. Koos uw grootmoeder vijf
dozijn lepels en vorken? Lieg niet. Vloog hij naar
Amsterdam? Is hij van Amsterdam naar Parijs gevlogen? We vlogen van Londen naar Parijs. Ik heb nooit
gevlogen. Heeft U ooit gevlogen? Het vriest hard.
Eerst vroor het. In de eerste plaats. In de tweede
plaats. Vijf schepen. Elf steden. De daken van de
huizen. Het dak van ons huis. Dit ziekenhuis heeft
honderd drieennegentig bedden. De heggen langs de
wegen. Het is winter, het is koud, en het vriest. Schoten
ze? Waarom schoten ze? Ik geloof het niet. Ja, ze
hebben geschoten. De eerste dag van het jaar is één
januari.

147*a*. Aren't you allowed to go to school? No, my (little)
sister has the measles. He was not allowed to go to the
office, for he had a cold. Why don't you want to go to
the circus? They would not tell. He was willing, but
his wife was not. Who wants to come to Paris? Do
you want to come, William? I shall buy a winter overcoat
to-morrow. Did he buy a winter overcoat? Yes, he has
bought a winter overcoat. You should not say that; that
is not polite. The farmer had two cows and four calves.
Four houses with six rooms each. What do you want of
me? I am going to the circus to-morrow with my little
nephews. Is it two o'clock? No, it is half past two. It
is six o'clock. It is half past eleven. Monday, the second
of October, seventeen hundred and five, at half past three
in the afternoon. Two hundred and thirty-five. The

third, fourth, fifth. The twenty-eighth of May. The
hundredth day of the year.

b. De duikboot dook, en verdween onder de golven.
Het water droop uit zijn kleren. De slang kroop door het
gras. Hij mag nu gaan. Ze heeft niet mogen gaan. Ze
mochten kiezen. Is het half vijf. Neen, het is half zeven.
Ze is gestorven. Mijn neefje heeft de mazelen. Zij stierf
om half twee in de middag. Koop deze koeien. We
kochten elf koeien en twaalf kalveren. Wat wil hij? Wil
hij vijftienduizend gulden voor zijn huis en tuin? Mijn
oom schoot twee hazen. Je mag met ons mee. Wil je
met ons mee? Hij mag mee, als hij wil. Wil uw zuster
niet naar huis? Je moet naar bed, je hebt de mazelen.

160*a.* Can you be here at a quarter past nine? My
birthday is on the thirtieth of July; my mother has
promised me a new bicycle. I shall give my old one to
my little brother. Do you like old bread? Why was he
angry? I do not like angry people. What a sweet little
child. How old is it? Nine months? It is big for its
age. Do not be so cowardly. What a cowardly fellow you
are ! I say, Peter, those sums of yours are very difficult.
Can you help me a little? The first sum is not so hard, but
the second and third are terrible. Hasn't the teacher
explained them? Yes, to be sure, but I was not there.
I was at home with influenza. There are many sick people
this month. (There is a lot of sickness this month.)

b. Hij zong het Franse volkslied. Het schip is gezonken.
Het is op maandag, zestien augustus om kwart over elf in
een dikke mist in de Theems gezonken. Hij drinkt geen
melk. Hij zegt dat melk goed is voor kinderen, maar niet
voor grote mensen. Je mag mijn oude fiets houden, ik
heb een nieuwe. Is deze fiets nieuw? Ja, het is een
nieuwe fiets. Elk bruin paard; dit zwarte paard; de
witte paarden; bruine paarden. Een grote olifant; twee
grote olifanten; deze wilde olifant. Ze had een gouden

trouwring met een prachtige diamant. Zij begon. Ze is
begonnen. Wilt U beginnen? We hebben gewonnen.
We zullen winnen. Dat is goed. We dronken bier uit
dikke glazen. Grote mensen drinken niet veel melk, maar
melk is goed voor kinderen. Ik won honderd tien gulden,
maar mijn arme vrouw verloor. Wollen sokken. Zilveren
lepels en vorken. Een houten kast.

175*a*. My book is more beautiful than yours. Your
bicycle is dearer than mine. What an ugly house! It is
the ugliest house I have ever seen. Negroes are darker
than the Javanese. Javanese people are light brown.
The High Street is the longest street in our town. Which
of those two books is the thicker? The one has two
hundred pages, and the other more than three hundred.
But the paper of the second book is much thinner. Few
people, less milk, little money. He has much less money
than I. The more money he loses, the poorer he gets.
What is the time? It is twenty-five minutes to nine. No,
it is a quarter past nine.

b. De boer molk zijn koeien en stuurde de melk naar de
markt. Zij vochten dapper, dapperder dan de vijand.
Ze zonden het pakje naar hun vrienden in de provincie
Groningen. Zij zwom in de rivier. Zwommen ze in het
zwembad? Knieën, zeeën, paraplu's, massa's, bedelaars,
gierigaards, ketels. Nederland heeft elf provincies. Mijn
tantes zijn ouder dan mijn vader en moeder. Mijn oudste
broer is even lang als mijn vader. Ze mogen komen, als
ze willen. Het kan waar zijn, maar ik kan het niet geloven.
Mijn moeder is armer dan haar twee zusters. Deze gierigaard heeft meer geld dan ik ooit zal hebben. Waarom
heb je de duurste paraplu in de winkel gekocht? Hoeveel
bladzijden heeft dit boek? Driehonderd vijfentwintig.
Hoe laat is het? Het is vier minuten voor half zes.

184*a*. A Dutch breakfast consists of boiled or fried eggs,
cheese, rolls or bread and butter, and tea. Most people

drink tea twice a day : in the morning at breakfast, and in the evening after dinner. Will you come and have a cup of tea with us to-morrow evening? Will you come to lunch to-morrow? We have lunch at half-past twelve. My husband never comes home to lunch. His office is too far from our house. It is further than the children's school. They come home to lunch on their bicycles. John rode to the Hague on his bicycle yesterday. They have fought bravely for their native country. Had the dog bitten the child in the hand? We stood watching the fire with our (little) sister. We shall have to cut the bread. I have been to Amsterdam with my wife and children. He lost his way in the wood. Her uncle died yesterday at eleven o'clock. I am going to London on Monday. He is flying to Paris on Tuesday. I have not been able to do it (I could not manage it). The snake crept through the grass to the tree.

b. Ze zullen het boek inbinden. We hebben lekkere thee gedronken. We hebben nooit betere thee gedronken. Het schip is in de Theems gezonken. We hebben veel geld gewonnen. De boer zal de koeien melken. De jongens hebben op straat gevochten. Wilt U me helpen? Ik zal U morgen om twee uur helpen. Hij weigert ons geld te geven. Hij heeft geweigerd ons geld te geven. We eten in Holland geen spek bij het ontbijt. Een Hollands ontbijt bestaat uit eieren, kaas, en brood. Het is lichter dan een Engels ontbijt. Wilt U nog een kopje thee? Komt U morgen koffiedrinken? Mijn kantoor is veel verder weg dan het Uwe. Ik fiets altijd naar mijn kantoor, de tram is me te langzaam. Iedereen fietst in Nederland.

192*a.* I am going to Rotterdam to-morrow, and if I should see the senior partner of the firm of Smits & Son, I will recommend you (for a post) as English correspondent. I know they have a vacancy. I suggest you ring me up to-morrow evening at eight o'clock. I shall then be able to tell you if my recommendation has met with success. Fortunately you know Dutch well. If that were not the case, I could not give you much hope. Suddenly he broke off the conversation and exclaimed : I do not need your help, sir ! I am expecting a remittance from my banker within a week, and I will see it through until then (and I can manage until then). The sun has set, it is getting dark. The plan did not seem a very attractive one, but I thought it wiser not to break off the conversation at once.

b. Hij heeft een ernstige operatie ondergaan. Ik zal hem waarschuwen. We zullen hem niet waarschuwen. We zullen hem niet kunnen waarschuwen. Je zult hem mogen waarschuwen. Willen ze hem niet waarschuwen ? We haalden haar op de hoek in. We hebben haar op de hoek ingehaald. Hij haalt ons in. Heeft hij Uw gouden horloge gestolen? Hij zou Uw gouden horloge gestolen hebben. Ze stalen al de zilveren vorken en lepels. Toen hij opstond, en het gesprek afbrak, begreep ik, dat ik geen kans had. Hij brak het gesprek af. Waarom heeft hij het gesprek afgebroken? De directeur keurde mijn plan goed. Ik was bang, dat hij het af zou keuren. Waarom zou hij het afkeuren? Het is een zeer goed plan. Hij keurt altijd af wat ik voorstel. Wat heeft U voorgesteld? Ik wens U geluk met Uw succes. We hebben haar gelukgewenst. Zal je hem gelukwensen? Wie heeft U gelukgewenst?

204*a*. The bread was baked. The bread has just been baked. The rolls will be baked to-morrow. The bread would have been baked to-day, if the baker had been at home. The bread cannot be baked to-day. The bread cannot have been baked to-day. Why not ? Because the baker is ill. He has met with an accident. The last sentence is very stiff. Say rather : he has had an accident. My hair must be cut. It would have been cut yesterday, if I had been able to find the time. I am going to the hairdresser's now. ' Good morning, sir ; you desire ? '

'I want a haircut, if you please.' 'Certainly, sir; take a seat. How do you want it cut?' 'As usual. Short in the neck, and for the rest not too short.' 'Shave, sir?' 'No, thank you, I shave myself.'

b. Mijn haar werd geknipt; is geknipt; wordt geknipt; zal geknipt worden; zou geknipt worden; zou geknipt zijn. Hij haalt mij in. Hij heeft mij ingehaald. Hij zal me inhalen. Hij zou me inhalen. Ik werd ingehaald. Ik zal ingehaald worden. Hij haalde me in. We zijn verloren. Het schip is met man en muis vergaan. Er werd aan de deur geklopt. 'Binnen!' riep ik, en het dienstmeisje kwam binnen met een telegram. Ik denk er niet aan. Er werd gedanst. Er werd geschoten. Er werd gebeld. Het huis is van hout gebouwd. Het onze is van steen gebouwd. Ik houd niet van je grapjes. Denk er goed aan! Dacht hij er aan? Heeft hij eraan gedacht? Werkte je er hard voor? Ze zat er boven'op. Waarom heeft U ertegen gestemd? Mijn vader bouwde een huis voor mij, maar nu woont hij er zelf in.

217*a.* Do not do that. Didn't he call? Do not read that book. We did not read the paper. What are you eating there? Did they eat haddock? They have given me money. The book is lying on the table. My coat was lying on the chair. How long has it lain there? Mother has always sat in this chair (or: Mother always used to sit in this chair). I have sat here an hour. She was having her breakfast. What did the policeman see? Didn't you see me? I saw you all right, but I thought you did not want to see me. What nonsense, why shouldn't I want to see you? I was with my fiancée and wanted to introduce you to her. I did hear it. You did live there. He did write to her. He 'has written to her. Do be quiet, you will wake the child. He was combing his hair (stood combing his hair). We were hard at work. I have carried this parcel (bundle) for an hour, my shoulders hurt.

How long have you worn this suit? It still looks quite
neat (nice). The ship sailed from Amsterdam to New
York. The ship passed through the Suez Canal. He has
dug his own grave. Why did he strike (beat) that poor
old man? Did he strike (beat) the poor child? Yes, he
beat it twice this morning. Where is your house? I have
stood here for half an hour. It was half past one when I
came here, and now it is two o'clock. How long has this
church stood here? Queen Anne has been dead for years.
The policeman had stood before the house for an hour,
when the inspector arrived at last. When were you born?
I was born on the twenty-fourth of March, nineteen hundred and four. So then you are fifty-eight years old.
And where were you born? In the town of Gouda, a
provincial town in South Holland. I am sorry to hear
that it is raining. It is not only raining, it is hailing.
We were glad to hear that you had passed your examination. We wish you the best of success in your future
life.

b. Waarom deed je het (de·jət)? Wat doe je? Deed
je kwaad? Doe het niet. Ga toch slapen! Schrijft hij
een zakenbrief? Ik wist niet dat hij zaken had. Ze
zat te naaien voor haar kind. Is vader in de tuin aan
het werk? We weten het al drie maanden. Ik heb
het voor het eerst in januari gehoord. Ze slaapt al de
hele dag. Zijn zuster woont al jaren hier in de stad.
Ze woonden al vijf jaar in Londen, toen de man zijn
betrekking verloor. Wat voor betrekking (wat voor een
betrekking) had hij? Het regende pijpestelen. Het
sneeuwt. Het tocht vreselijk in deze kamer. Het ver-
baast me horen, dat je je betrekking hebt verloren. Hij
heeft een uitstekend geheugen. Hun oom is al jaren
dood. Hollandse kinderen leren op school Engels, Frans
en Duits.

224*a*. Has the milkman been yet? The landlord called
for the rent this morning. Where did she go on Sunday?

Who can that be? Can you be there at twenty-five
minutes past five? She has been to see her brother. He
is in the army. When I am twenty-one, I shall have to go
into the army. I have heard him say so myself. The girls
have been doing their needlework. We have heard it said
that he is ill. The firm is having new offices built. My
neighbour has had his house painted. He is having it
done by his brother, who is a house-painter. I never go
to the hairdresser's to get shaved, I always shave myself.
Let go, you are hurting me. Do show us your stamp
collection. Why did he allow his old mother to go home
through the snow alone? The hairdresser has shaved me
carefully and has cut my hair. Sheep are shorn. I swear
to speak the truth. He has sworn to obey. The host
raised his glass, and drank to the health of his guests.
Did you sleep well?

b. Ik ben daar nooit geweest. Ik ben wezen informeren
hoe hij het maakt. Heb je zitten lezen? Nee, het was te
donker om te lezen. Zullen we het door de tuinman laten
doen? Hij is het werk meer gewend dan wij (or : hij is
meer aan het werk gewend dan wij). Ik zie dat U een
garage laat bouwen. Is de oude niet groot genoeg voor de
nieuwe auto? Laat je vrouw niet te veel doen. Ze is niet
sterk. Laat me los, je doet mijn schouder pijn. Laat dat,
stoute jongen (ondeugende jongen). Wetende dat hij ziek
was, bood ik mijn diensten aan (or: Daar ik wist dat hij
ziek was . . .). Ze blies de kaars uit. Vloek niet zo.
De shapen werden geschoren, worden geschoren, zijn
geschoren, waren geschoren, zullen geschoren worden,
zouden geschoren zijn. Negentienhonderd veertien, negentienhonderd negenendertig, zeventienhonderd vijftig, duizend zesenzestig. Tweede, derde, vierde, eerste, vijf-
tigste.

235*a*. Who worked harder than the old gardener?
Which of those carpenters has worked hardest? Which of
those ladies will be able to help us? Whose cigars are

these? They are mine. What do you think of it? What sort of friends has he (or: what are his friends like?)? In what sort of a house does your mother-in-law live? How lazy he is! How hard this work is! What a strong fellow! What is he thinking of? I do not know what he is thinking of. How should I know? Which cigars shall I choose? I see no danger in it. We have no objection to it. His mother is an Englishwoman by birth. His father is a Scotchman. Our cook is a Frenchman. He fell when he jumped across the ditch. (Do you think) he could jump across that ditch without falling? We walked all day (or: we have walked all day). We walked from Delft to the Hague. I hear somebody calling for help. I believe there is someone in the water. No, there is nobody in the water. May I keep this book? Didn't he like pork? Why not?

b. Wie wil me helpen? Wie van jullie spreekt Frans? Wiens hond is dit (or: van wie is deze hond, or: wie z'n hond is dit)? Wiens zoon is onder dienst? Wat is je schoonmoeder voor iemand? Wat ben je toch dom! Wat is het warm! Waar denk je aan? Waar sta je op? Waar is dit ding van gemaakt? Wat betaal je de timmerman hiervoor? Is Uw vrouw een Engelse? Neen, ze is een Schotse, haar ouders waren tenminste Schotten, maar zij is in Engeland geboren. Ik ben naar de brand wezen kijken. Ik weet niet, hoe hij zijn geld heeft belegd, maar ik hoop, dat het goed belegd is. Van wie is die pijp op het asbakje? Kijk, as op het kleed, as op de tafel; denk je soms dat dit een café is? (*Soms*: sometimes; here: by any chance.) Hollandse huisvrouwen zijn erg zindelijk. Ze houden niet van vuil.

245*a*. Will you make a point of replying to-day to the letter we have received from our agents in London? The business with which the letter deals is of the greatest importance. The 'bus, which was ten minutes overdue, was full when it arrived at last. I wanted to show you my collection of postage stamps, of which I have told you so much. Who is the American with whom you were in the theatre yesterday? What is his name? His name is Wilkins. And what is your name? My name is Smith. She is called Susan after her grandmother. This is our representative, Mr. Jansen, whose letters you have so often answered. We moved into a new house yesterday. Who steals once, is forever a thief. What you say may be true, but it sounds strange. Roast beef. A loaded gun (or rifle). A cracked vase.

b. Iemand die zoiets doet, is niet te vertrouwen. Hij is niet te vertrouwen. Het boek dat U mij geleend hebt, is erg interessant. Laat me die postzegels eens zien, die je gekocht hebt. Wie is het meisje, waarmee je daarnet stond te praten? Was dit de roman, waarover hij het had? Ik kan niet wonen in een huis met een lekkend dak. Wat je wilt, is onmogelijk. Gebakken tong. Een begarsten bel (church bell: *klok*). Zij laadden de kar. De molenaar heeft het koren gemalen. Hoe heet U? Ik heet Van Pelt. En hoe heette Uw eerste vrouw voor haar huwelijk? Mijn eerste vrouw heette Anna Janssen. Ze is in negentien-honderd vijfenveertig gestorven, en ik ben vijf jaar later hertrouwd. De naam van mijn tweede vrouw is Mary Jones. Zij is Engelse van geboorte. Wie was die interessante man, waarmee U daar net stond te praten?

254*a*. Have you shaved yet? No, I always get shaved at the barber's, I can't do it myself. Can't you shave yourself? You surprise me. I do not remember his name. What is his name again? Do you remember the date of your arrival in Holland? No, I do not remember the exact date (or: I forget the exact date), but I believe it was about the middle of June. It is time to dress (ourselves) for the concert. It starts at half past eight. I shall have to drive myself, for our chauffeur has the evening off. Oh, have you a chauffeur? I drive my own car. A chauffeur is too expensive for me (better: I cannot afford a chauffeur). So it is for me (better: neither can I), but my eyes are none too good. Are we all ready? Have we all the tickets? Then we can go. What, are we there already? Yes, the concert hall is not far from our house. Salted fish. He is divorced from his wife. The locomotive bumped against the buffer, and stood still.

b. Hij staat zich voor de spiegel te scheren. Hij scheert zich altijd zelf. We hebben geen dienstmeisje. We doen alles zelf. Bedien U van vis. Houdt U van 'zoutevis? Wat vroeg je aan de agent? Ik vroeg hem de weg naar het concertgebouw. Chauffeert U zelf? Herinnert U zich mijn chauffeur, die lange Ier? Hij is nu onder dienst. Ken je je les al? Vraag hem, of hij al klaar is. Zijn ze allen hier? Is alles klaar? Hebben we al de boeken, die we nodig hebben? Kan Uw vrouw zich in een half uur verkleden? Het is nu vijf minuten voor half negen. Wil je zelf chaufferen? Dat is allemaal onzin, ze kunnen niet allemaal uit zijn. Mijn oudste zuster is van haar man gescheiden. Wat vroeg je hem? Ik vroeg hem, of hij ooit op olifanten had gejaagd. Hij zegt me, dat hij nooit in Afrika geweest is, en nooit een olifant gezien heeft, behalve in een circus. Je zult twintig minuten moeten wachten. Ik moet me aankleden. Ik ben vanmorgen om tien minuten voor half negen opgestaan. Ik heb me verslapen.

270a. Some days ago I received a postcard from our representative at Arnhem, in which he informed me that he hoped to call at our office on Friday next at three o'clock precisely. Some people would like that, but I am honest enough to confess that I would rather not see him this week. We are tremendously busy, and I have no time for conferences. Here are some clothes for your poor friends, whose house has been burned down. Have they not been able to save anything at all? Well, here you have a pair of trousers, two good coats, a rain coat—as good as new—two pairs of shoes, and some ladies' clothes of my wife's. Have you heard anything from Australia lately? Personally I have heard nothing, but my partner had a letter by air from his brother-in-law at Sydney last week. The letter had taken three days to get here. Do you write to one another regularly? Not regularly, we meet (come together) one evening every month, so we have not so very much news. Everybody knows what I have bought. What did he say when you laid the letter beside his plate?

b. Wie heeft die twee gebarsten vazen gekocht? Heeft mevrouw Jones ze gekocht? Wist ze niet dat ze gebarsten waren? Ik dacht, dat iedereen dat wist. Breng de kinderen naar school, en breng op de terugweg twee pond suiker voor me mee, en een half pond thee. Ik hoor, dat de oude heer Johnson zijn verzameling (collectie, kɔ'lɛksi) oude Chinese vazen verkocht heeft. Hij verhuist naar een kleiner huis. Wat zoekt U? Heeft U iets verloren? Ja, ik heb mijn vulpen verloren. Heeft U onder het bed in de logeerkamer gekeken? Ik geloof, dat ik hem daar gisteren gezien heb. Sommige mensen zouden dat oneerlijk vinden. Heb je het telegram aan de directeur zelf gegeven? Wat voor een vrouw is ze? Wat voor boeken heb je? Ben je je zuster wezen opzoeken? Ik hoor, dat ze ziek is. Het spijt me dat te horen. Hoe laat is het? Het is precies drie minuten voor half zeven. Hij liet het me alleen doen.

283*a.* Here is that little picture we bought at the exhibition. Where shall we hang it? I have been thinking about the same thing. In the passage? It is too good for the passage. If you do not want it in the dining-room, I will hang it in my study. That is a good idea. Over

your desk. The portrait of that old professor of yours
might be put somewhere else now. Not so disrespectful
(do not be so disrespectful) about my old teacher, if you
please. Very well then, over my desk. Where are the
steps? They are behind the cellar door, if I am not mistaken. Right, and I am sure to find a hammer, a staple,
and a bit of copper wire in the drawer of the kitchen table.
Take care you do not damage the wall-paper. The room
has just been papered.

c. Mijn verloofde heeft haar enkel verstuikt. Ze kan van-
middag niet tennissen. Dat is jammer. Ik hoop, dat het
niet erg pijn doet. Nee, maar de dokter heeft haar
verboden te spelen. Gebruik die ketel niet, wanneer je
thee zet. Hij lekt, we moeten hem laten repareren. Zet
dat boek op zijn plaats op de bovenste plank van mijn
boekenkast. Je kunt mijn boeken lezen als je wilt, maar
zet ze alsjeblieft weer op hun plaats, als je ze uit hebt.
Ik ben erg precies op mijn bibliotheek. Ik zelf kan de
meeste van mijn boeken in het donker vinden. Waar heb
je deze koffie gekocht? Bij de kruidenier om de hoek.
Het is hele goede koffie, en niet duur. Ik zal een lekker
kopje Hollandse koffie voor je zetten. De bladeren van
deze boom zijn donker groen. De bladeren van de bruine
beuk zijn bruin. De Nederlandse kleuren zijn rood, wit
en blauw. De kleur van het koninklijk huis van Orangje is
oranje.

298a. Mr. and Mrs. G. arrive at the house of their friends
Mr. and Mrs. J. to have a game of cards. ' Hello, John;
hello, Mary; cold to-night, isn't it? Be quick and come
into the room. Would you like a small brandy before we
start our game? ' ' Well, if it is all the same to you, I
would rather have a liqueur, but a small glass, mind!
You know I rarely drink anything.' ' A cigar, John? '
' No, thank you. I won't smoke to-night. I have a bit of

a cold.' 'Would you care for a little sugar in your brandy?' 'Thank you, that is just the thing for a sore throat.' 'Well, what about it? Shall we start? I have had the card-table put in the warmest corner of the room.' They play. 'I say, do you know what the time is? Half-past ten! We shall miss the last tram!' 'Come, come, it is early still. The last tram does not go till a quarter past eleven.' 'That may be, but I have a lot to do to-morrow. Come on, Mary, it is time we were off. Have you your hand-bag? Well, good-bye, dear people. Thanks for a pleasant evening!'

b. Onze onderwijzeres, juffrouw Jones, is een uitstekende pianiste. Ze speelt altijd op onze schoolconcerten. Mevrouw Smith is de schrijfster van verscheidene uitstekende romans, die je in de openbare bibliotheek van onze stad kunt vinden. Wat ben je een kleine vleister, Marie! Denk je werkelijk, dat ik de helft geloof van wat je zegt? Je wilt je zin, en al de rest is onzin. Het nieuwe meisje is een uitstekende typiste; voordat ze bij me kwam, was ze secretaresse van de redacteur van een van onze grote dagbladen. Zestig jaar geleden was het zeer ongewoon als vrouwen werkten. Tegenwoordig werken vrouwen niet alleen als dienstboden, verpleegsters, en goevernantes. Er zijn evenveel vrouwelijke als mannelijke studenten aan onze universiteiten. We hebben vrouwelijke dokters, tandartsen, en advokaten. Meisjes werken op kantoren als typistes, correspondenten, en boekhoudsters. In onze scholen vinden we duizenden onderwijzeressen.

309.
DEAR FRIENDS,

I am glad to be able to inform you that the holidays at our office have now been arranged, and that mine have been fixed for the 12th–27th of July next. I am therefore in a position to avail myself of your kind offer, and hope to arrive at the Hague in the early morning of July 13th, and to stay until July 26th. I am looking forward to meeting you both again, and to making the acquaintance of your children.

I often think of the pleasant holiday we had in Devonshire last year, and will bring along the snapshots I took on that occasion.

Hoping to meet all the family in the best of health,

Very sincerely yours,

JACK WALKER.

311.

DEAR JACK,

Thank you for your letter and the good news. You will be most welcome. As you know, I shall be at liberty only a few days, but the evenings are long, and my wife will see to it that you see something of our beautiful country in the day-time. Joe and Gerard are longing to meet their 'English uncle'. Our Devonshire snaps have all been developed and pasted into a special album. Bring your camera and your bathing-trunks. Scheveningen is at its best now. You will find me at the station with the car on the thirteenth.

Kind regards,

Sincerely yours,

JOHAN DE WIT.

313.

Messrs. J. v.d. Pas & Son,
Hillegom, Holland.

DEAR SIRS,

With reference to your advertisement in the 'Daily Mail' of the 15th March last, kindly let me have your new catalogue of bulbs, etc.

Yours faithfully,

J. MASON.

315. Ik berichtte hem per telefoon de aankomst van zijn boeken. Onze vakantie begint op 15 augustus a.s. Zult U ons naar Devonshire kunnen vergezellen? Ik neem Uw aanbod gaarne aan. 's Morgens vroeg is het heerlijk buiten. Laat me die foto's eens zien, die je verleden jaar aan zee gemaakt hebt. Ik hoop U allen in goede gezondheid aan te treffen. We werken overdag, en slapen 's nachts. Je moest die foto's in een speciaal album plakken, anders zal je ze verliezen. Dat is zeer vriendelijk van U. Ik zal graag van Uw vriendelijk aanbod gebruik maken. Zal je je zwembroek meebrengen? Je zult hem nodig hebben.

324. Are you people going to Zwolle to-morrow? Yes, we are. Cannot you finish the work? No, I can't. Do you know what the time is? Certainly. Would he prefer to stay at home? He probably would. May I take another cup of tea? Do, by all means! Shall I open the window? Yes, do (please, do!). I think I shall go to bed. Do! What a beautiful house! It certainly is! Father has bought two beautiful horses. He certainly has. She promised to come, and she did. He says he has bought a car. Well, so he has. They can be back in an hour. They certainly can! London is a beautiful town, and so is Paris. John is going back to school to-morrow, and so is Charles. Fred has bought a dog, and so has his father. That was not nice of him. Neither was it. We cannot get there in time. Neither can we. We are in a hurry, aren't we? They will not be in time, will they? Father smokes Havana cigars, doesn't he? He does not smoke cigarettes, does he? We are not moving to-morrow, are we? We are staying in this house, aren't we? You do not know, do you? You know perfectly well, don't you? You have not been able to help him, have you? I do not know. Don't you? We shall be allowed to go. Shall we? You are moving to-morrow, are you? He

has lived here eight years, has he? Your grandfather has been dead for eight years, has he! I did not know.

325. Do not say anything; do not tell him what has happened. If he asks where we have been, say that we have not been out. I believe it is better to speak the truth than to tell a lie. I will tell father the truth. You should not say such things to your sister. He will not tell us his address. Can you say your lesson? You must not prompt the other children. Can you repeat these difficult Dutch words after me?

326. I forget where he lives. Have you forgotten your own name? Who has forgotten his atlas? When he heard of the accident, he cycled home at once. The boys have cycled for hours. When we knew we had passed, we at once ran to the telephone to tell mother the great news.

340a. As a child I learned geography and history at school. More time was devoted to Dutch than to American history, and the geography of Europe was taught more thoroughly than that of Asia and Australia. When it is cold in winter I like to have breakfast in bed. Laziness may be a vice, but at my time of life I believe it is sensible to be a little careful. Thieves are sent to prison. There one is locked up in a small cell with a little window as the only ventilation, and no other company than one's own thoughts. Poor John had had a fall in the playground and had broken his wrist. The doctor was sent for, and the headmaster telephoned his father. But his father could not come. He had gone to Limburg on business that morning. When one approaches Sicily from the south east, one sees Mount Etna from a great distance. Father has gone to bed. Isn't he well? He has been unwell for some days. He always catches cold when he goes to market on Thursdays. Give him a hot bottle, and tell him to take a couple of aspirins. What does your son want to be? He wants to be a sailor, but I do not take that seriously. As children, we all wanted to be tram-conductors or taxi-drivers. I remember that my brother wanted to be a rope-dancer. He had bought the rope. But now he is postmaster at Middelburg.

b. Praat niet als een schoolmeester. Je bent geen school-meester. En laat je eens scheren, en koop een andere hoed. Je ziet er uit als een bandiet. De oude man was arm en ziek. Zijn spaargeld was op, hij was zijn hospita geld schuldig, en zijn oude vrienden waren hem vergeten. Enige goedhartige mensen, die hem gekend hadden toen hij nog een beroemd acteur was, kwamen hem echter te hulp. Zij verzamelden wat geld, dat voor hem belegd werd, en dat hem in staat stelde zich op zijn oude dag met enige gemakken te omringen. Ik ben bang, dat hij nooit opper-bevelhebber, of zelfs generaal zal worden. Hij zal het leger met de rang van kolonel moeten verlaten. Verlies de moed niet. Hou je meer van de lente dan van de herfst? Ik neem mijn vakantie altijd in de herfst. Men heeft net zoveel kans op mooi weer in de herfst als in de zomer. Is het eten nog niet klaar? Weet je dat het tien minuten voor half zeven is? We zullen ons moeten haasten, als we op tijd willen zijn voor het concert. De mens zal van brood alleen niet leven. Is Uw oudste broer ambtenaar? Ja, hij is direkteur van het postkantoor te Vlissingen. Geef me een half glas warm water, een halve citroen, een beetje cognac, twee aspirientjes, en een warme kruik. Ik ben vreselijk verkouden.

353*a.* The rain came pouring down, a roaring gale was raging, and the waves dashed against the shore. When the old pilot lit the lamp, and sat down comfortably in his spacious armchair beside the blazing fire, he felt grateful that he was not on duty that night, and could stay quietly at home. Not that he was afraid. He had grown grey in the service; he was never happier than when he felt the heaving deck of the pilot-cutter beneath his feet, and in many a shipwreck on the dangerous Dutch coast he had nobly done his duty. But he was getting old. He was no longer the man he had been, and he longed for the moment when he could retire to his native village with a well-earned pension. Though asked to help the children, I refused. And when asked why, I was silent. I could have said that I considered it the mother's duty to provide for her own children, and that she was very well able to do so, but who would have believed me? We thank you for the money you have sent us. The books you have ordered will reach you by post in the course of next week. When the dealer returned from the market, he gave his wife the money he had received for the cows he had sold. The passengers destined for Hongkong were mostly Chinamen. There were also some French and English people among them. Many Russians who had fled from their native country after the revolution, were settled in London and Paris before the war. There they earned their bread with honest, though often humble labour. You have finished writing, haven't you? She will not stop giggling. I could not help thinking that working would have been better for him than dancing and playing billiards. However, he was the spoilt son of a good-natured, stupid woman, who always provided him liberally with pocket-money. How long have you got this bicycle? I do not know exactly, but I have had it for years. Can you drive a car? Certainly, I can. Have you a driving licence? No, I have not. If you have no driving licence, you are not allowed to drive, are you? No, I am not.

b. Men kan niet weten wat hij doen zal, als hij hoort wat je van hem gezegd hebt. Er valt niet te zeggen hoe boos hij zal zijn. Als het niet te veel van U gevergd is, zou U dan uw stoel een beetje willen verschuiven? Toen ze hoorde, dat het boek eindelijk was verschenen, belde mijn zuster dadelijk de uitgevers op, en bestelde twee dozijn

exemplaren. We hebben er geen bezwaar tegen, dat je
laat uit blijft, maar neem de sleutel mee. Hij barstte in
lachen uit (hij schoot in de lach), toen hij me zo druk
aan het pakken vond. Schei uit met lachen, riep ik boos
uit. Als je zo'n leven maakt, zal je de hospita achterdochtig
maken, en ik ben van plan ervan door te gaan zonder
mijn rekening te betalen. Je hebt de aardappelen geschild,
niet waar? Gooi de schillen niet weg. De schillen voeden
de varkens, en de varkens voeden ons. Ik zou nooit
gedacht hebben, dat ik eenmaal zo arm zou zijn, dat ik
gelapte schoenen zou moeten dragen. Zwijg! Waarom
zou ik zwijgen? Je zult moeten zwijgen. Zweeg zij?
Waarom zweeg zij niet? Wil je wel eens zwijgen!

367*a*. For the new curtains in the lounge we shall
require thirty-six metres of velvet, and twenty metres of
lining. The lining is double width, so we require less of
that. Must the curtains be lined? I think so; lined
curtains hang better, they are warmer in winter, and they
do not fade so quickly. Nothing looks shabbier than
faded curtains. That hat suits you. How much was it?
Three (guilders) seventy-five at the sale. Cheap, isn't it?
It certainly is. I wish I could wear green too, but green
and brown do not suit me. Did you buy anything else at
the sale? Yes, six ells of blue material for school skirts
for the girls. I have a good pattern, I will cut them out
to-night, and then the dressmaker can make them to-morrow. Excuse me, can you tell me how many more miles it
is to Arnhem? We do not count in miles in these parts,
sir, but it is another twelve kilometres. You take the first
road to the right, and the third to the left, and then it is
straight on till you come to the river. I suppose you are
an Englishman, the way you talk of miles. Yes, I am
English, but I have lived here six years, long enough to
know better. Many thanks; good morning. The top of
the table is one metre eighty by ninety centimetres. We

have a large family, and use five litres of milk a day, and
four loaves, two white and two brown. Have you money
enough with you, or shall I lend you some? I will just
count it. Let us see, two rixdollars, eleven guilders, three
' kwartjes ', five ' dubbeltjes ', and five cents. That is
seventeen guilders and thirty cents altogether. The train is
a rixdollar return, and for the rest I need not spend anything except three guilders fifty for my lunch. I have
plenty of money. He is one metre seventy centimetres tall,
and his brother one metre sixty-seven centimetres.
You have a very tall house! Yes, houses at Amsterdam
are generally tall, especially in the old town. What is
the half of five? Two and a half. How do you write
that? Two point five. We all had watches in our pockets.
The patient has broken his wrist. Most children at the
Hague go to school on their bicycles.

b. Als men in Nederland zaken wil doen, is het nuttig
iets over Nederlandse maten en gewichten te weten.
Stof, bijvoorbeeld, wordt niet per yard verkocht, maar
per meter. Olie en andere vloeistoffen worden per liter
verkocht. Een liter is iets minder dan een quart. De
eenheid van. gewicht is het kilogram, maar de gemiddelde
huisvrouw spreekt van ponden. Een pond is vijfhonderd
gram Het geld is erg (ge)makkelijk. Onthoud, dat een
gulden honderd cent heeft, en je kunt je niet vergissen.
Zilveren munten zijn erg klein. De munt, die ze dubbeltje
noemen, is zo klein, dat je hem (ge)makkelijk kan verliezen.
Bewaar je geld in je portemonnaie, en niet los in je zak. Dat
doet niemand in Holland. Jaren geleden was er nog een
andere hele kleine munt: de halve cent. Hij was niet veel
waard, maar arme mensen konden er allerlei dingen voor
kopen, een emmer warm water of wat vuur op wasdag, of
zes knikkers voor de kinderen om mee te spelen. Maar
natuurlijk waren de lonen erg laag. Twaalf gulden per
week werd beschouwd als een goed loon voor een werkman,
en op het land was het veel minder. Ik herinner me de

tijd toen de melk zes cent per liter kostte, en een grote
fles bier tien cent.

375. The devoted nursing of his good wife, and the
self-sacrifice of his children, sweetened those last bitter
months for him. Which of us does not need in early life
the guiding hand of a good father? None of you knows
what this step has cost me. Go thou, and do likewise. The man's gratitude was moving to behold. Some
Dutch customs may seem strange to you at first, but
remember the proverb 'different nations, different customs'. We get up early in the morning, and work hard,
in order to be at liberty in the afternoon and evening.
After a great deal of trouble the poor refugee found a
small post, which brought him in ten pounds a week.
It is true that he generally had to work on Sundays as
well, and that he found the work hard, but all the same
he was glad that he was no longer dependent on the
charity of other people. The other day I read in a book
the expression *des daags*. What does it mean? I cannot find it in my dictionary. *Des daags* is an old genitive,
and means 'in the day-time'. The usual expression
is *over'dag*; for instance: we work by day, and sleep at
nights. In the name of the law, open the door! I explained it to him quite clearly some time ago, but he
seems to have forgotten it again. I do not mind lending
you the money if it is necessary, but you will have to pay
me back, for I am none too well off myself. It seems
strange to me, for that matter, that you cannot manage
(cannot make both ends meet) on an assured income of
ten thousand guilders a year. He jumped on his bicycle
and rode off without lights, in order to get home quickly,
but a policeman stopped him and took his name and
address. I wish you a happy new year. Thank you, the
same to you. At one time I lived in a small provincial

town in the south of our country. I was young at the time, and had rarely been away from home. There was a great deal in my new surroundings, therefore, which seemed strange to me, but my friends assured me that I should get used to it all in course of time, and when after a few years I was offered a better position in the capital of the country, I was loth to take leave of my new-found friends. The patient had grown so weak that he could take only liquid nourishment. Advertisements often contain large numbers of abbreviations which not every foreigner will understand at first sight. Thus I read the other day : ' Young lady *v.g.h.* requires suitable position.' And right underneath : 'Gentleman, *R.K.*, *z.b.b.h.*, seeks admission into cultured family as paying guest.' Let me explain these abbreviations to you. *V.g.h.* means *van goeden huize*, well-connected. *R.K.* stands for R.C., Roman Catholic, and *P.G.* for Protestant religion. The gentleman in question, therefore, seeks admission into a Catholic family. *Z.b.b.h.* means ' having his occupation outside the house '. So he would not be at home all day. ' Out most of the day ', as an English advertiser would put it. *Besch. gez.* means *beschaafd gezin*, ' cultured family ', and *bet.* is *betalend*, ' paying '. A *logé* or *logee* is a guest. The word is connected with the verb *lo'geren*, to stay with a person as his guest. Thus we say : He is coming to stay with us next week for a month.

Grandfather's Birthday

377. Sunday August the first was going to be a very important day for the Wiersma family of Amsterdam, for grandfather Wiersma would then be eighty years old. It was lucky that his birthday fell on a Sunday, for that meant everybody could go. This would not have been possible on a weekday, because it is quite a journey from Amsterdam to Groningen, the town where grandfather Wiersma lived. It is impossible to travel that distance and back again in

an evening. As it would be a Sunday, however, they could take the whole day for the visit, and the length of the journey was no objection.

Grandfather had been looking forward to this family reunion for months, and he had sent off the invitations, which he had written out himself, to all his nearest relatives six weeks before his birthday. He had carefully worked out the programme for the great day. They were all expected to arrive in the old house on the Hoogstraat around one o'clock, where coffee and rolls would be served. After that the guests could go for a stroll round the town, while grandfather and grandmother took their afternoon nap. Then they would all meet again at about four o'clock, this time at the Park Hotel, where tea would be served, and drinks later on. Dinner would follow at six. It must not last too long, for all the relations who had come from other towns must be able to catch the last train back. Moreover, it would be better for grandfather himself not to go to bed too late.

It was going to be a grand dinner party; there were to be fifty-one of them, all of them Wiersma's. Grandfather himself, his three brothers and their wives, his sisters-in-law, and grandmother. Then seven sons and seven daughters-in-law. Also twenty-five grandchildren, four of them bringing their wives.

The Wiersma family of Amsterdam, the family of grandfather's second son, had no sons- or daughters-in-law as yet. Of their four children two were studying at a University and two were at grammar school. John was studying Technology at Delft, and Hanneke was reading History of Art at Amsterdam University. Herman was in the fifth form of the grammar school and intended to take chemistry at the University later on. Annelies was only in the second form as yet, and had no idea what she was going to do when she left school. The two schoolchildren were of course having their holidays at the moment, but they were very busy nevertheless.   Herman was working at a wine merchant's to earn money for a new bicycle which he needed badly.   Hitherto he had had to content himself with his father's old one.   Annelies had not really done her best lately and had got bad marks for French and geometry; she had been given a holiday task for both subjects.

Herman came home every night full of stories about new sorts of wine he had learnt about, about the customers, and about the stories he had heard from the University student who also had a vacation job at that shop.   Hanneke acted as a guide at the Rijks museum, where there was a special exhibition being held.

De Jonge Man en het Spook

379a. Een jonge man ging naar de pastoor van zijn dorp, en vertelde hem, dat hij een spook had gezien.   ' Wanneer en waar?' vroeg de pastoor.   ' Gisteravond,' antwoordde de jonge man.   ' Ik kwam langs de kerk, en op de muur, van het kerkhof stond het spook.'   ' En hoe zag het spook er wel uit? '   ' Het zag er uit als een ezel.'   ' Ga naar huis, en spreek er met niemand over,' zei de pastoor, ' Je bent geschrokken van je eigen schaduw.'

De Soldaat en het Hoefijzer

b. Eens stond een soldaat bij de ingang van een smederij. De smid had een hoefijzer in het vuur, en de soldaat keek met grote belangstelling toe.   ' Maak dat je uit mijn winkel komt,' riep de smid, en het roodgloeiende ijzer uit het vuur nemend, hield hij het de soldaat onder de neus.   (onder de neus van de soldaat: onder de soldaat z'n neus).   Maar de soldaat antwoordde: ' Als je me een shilling geeft, zal ik eraan likken.'   De smid nam een shilling uit zijn zak, en reikte die de soldaat toe.   De soldaat likte eraan, en liep toen zo hard als hij kon weg.

Grandfather's Birthday (contd.)

381. With her knowledge of the History of Art she had had no difficulty in getting this job. Next year she would certainly need the money she earned in this way to pay for the trips she would have to make abroad with the professors and students of her faculty. John was not at home. He was still at Delft, although the vacation had begun. He was in training for a boat race and so could not come home until Saturday afternoon.

Mr. Wiersma himself was very busy at the office at the moment, and he was looking forward to the pleasant day in Groningen and to his holidays afterwards: two weeks' sailing in Friesland with his wife and the four children. They were to leave on the fifth of August, so Mrs. Wiersma was already busy getting things together for the holidays. Herman had grown out of his windcheater, so Annelies could have it now. She was also knitting a thick jersey for Hanneke. So the whole family was very busy, and there was no question of their being able to go out together to buy a present for grandfather. In any case, the children preferred to give something on their own. John and Hanneke had decided to give a joint present: Hanneke was very fond of photography, and she had had the best of last year's photos reprinted. John would provide an album for these. Annelies had made a felt bookmark, and Herman was going to buy a good bottle of wine in ' his own shop '. Mr. and Mrs. Wiersma themselves had still to go out and get theirs. Mr. Wiersma was to take an afternoon off for this, and then they would see what they could find. Perhaps two antique wine-glasses to drink Herman's wine out of, or a nice old tobacco-box. But one thing was certain: on Sunday morning the first of August at nine o'clock the Wiersma family of Amsterdam would be on the train for Groningen, on their way to the family-party up North.

383*a*. 'Waar ga je je vacantie doorbrengen?' vroeg
iemand aan zijn vriend. 'Ik ga naar Bournemouth'
antwoordde deze. 'Bournemouth!' riep de eerste spreker
uit, 'weet je niet, dat het daar negentig graden in de
schaduw is?' 'Ik behoef toch niet in de schaduw te gaan
zitten,' zei de ander.

b. De bazaar was in volle gang, toen er een jongmens
binnentrad, dat blijkbaar niet van plan was iets te kopen.
Een jonge dame trad op hem toe. 'Wilt U dit zakboekje
kopen?' vroeg ze. 'Dank U, ik maak nooit aantekeningen.' 'Koopt U dan een doos sigaretten.' 'Pardon,
ik rook niet.' 'Dan misschien deze doos bonbons?' 'Ik
eet nooit chocola (ʃoˑkoˈlaˑ).' De jonge dame keek geduldig
in haar stalletje rond. 'Meneer,' zei ze, 'koopt U dan een
stukje badzeep.' De jongeman betaalde.

c. Een beroemd Ameriˈkaans roˈmanschrijver ontmoette
bij een bezoek aan New York eens een wereldberoemd
piaˈnist. 'Ik ben op mijn manier ook musikus,' zei de
schrijver. 'Mijn muzikaal talent heeft me eens het leven
gered. Er was een grote overstroming in ons dorp, en
toen het water ons huis bereikte, klom mijn vader op de
keukentafel, en dreef de rivier af, totdat hij gered werd.'
'En U?' vroeg de musikus diep geroerd. 'O, ik,' zei de
schrijver, 'ik begeleidde hem op de piano.'

d. Een dikke juffrouw in de dierentuin stond er bij
terwijl de leeuwen gevoerd werden, en was verbaasd te
zien hoe weinig de dieren te eten kregen. 'Dat lijkt me
een klein stuk vlees voor een leeuw,' zei ze tot de oppasser.
De man glimlachte even. 'Dat is misschien weinig voor
U, juffrouw,' zei hij, 'maar het is ruim genoeg voor de
leeuw.'

385. Miss Harrison and Miss de Man were both teachers
at public elementary schools, the one at Dulwich and the
other at the Hague. They had met for the first time in
Switzerland, on the occasion of a congress which they had

both attended, where Miss Harrison, who was alone and understood no language except English, had felt very lonely the first day.   This had changed when at dinner she had met Miss de Man.   Miss de Man spoke English, and translated the menu for her; she also spoke French and German, and talked to the waiter and to a Polish and a Hungarian lady who were seated near them.   That evening they went to the pictures together, and from this chance meeting a firm friendship had developed between them, which was all the more remarkable, as they were both at an age at which one does not easily make new friends.   Miss de Man, who lived with a sister much younger than herself, had already stayed with Miss Harrison on two occasions, once for ten days at Easter, and again for four or five days at Whitsun, and she had enjoyed herself both times.   She had admired the beautiful old house where her friend lived with her mother as the sole remaining members of a large family; every day she had wandered about London, and she had seen so much that old Mrs. Harrison laughingly declared that her guest knew London better than she did herself. And now she was anxious to entertain her friend in her turn at the Hague.   The difficulty was Miss Harrison's mother, who had been confined to her bed for some years, and could not stay alone at nights.   But her youngest daughter had promised to come and look after mother while ' Letty ' was in Holland, and thus it happened that one beautiful August evening Miss Harrison stood waiting on Gravesend pier for the Dutch boat, which came alongside punctual to the minute to take her and a numerous company of other passengers on board. She showed her ticket to the stewardess, who conducted her to a cabin which she was to share with another lady, and who told her that dinner was at seven o'clock.   But Miss Harrison preferred to stay on deck, and to watch the varying scene on either bank, until just past Margate the cold sea-breeze drove her to bed.   The next morning she was awakened by a knocking on the door, and looking out of the port-hole she saw a lightship with a red, white and blue flag, and a low, monotonous coast-line with here and there a house. She dressed hastily in order to give her fellow-passenger a chance of getting up, and went on deck, where she found most of the passengers already assembled. However, there was nothing to see as yet. They had just passed Hook of Holland, and it was cold on deck. On the advice of the steward, therefore, she went to the dining saloon, where she enjoyed an excellent breakfast. When she came on deck again, she noticed at once that the river had broadened out, and that the banks were covered with ship-yards and factories. Ships were everywhere, from large mail-steamers to small barges, and the houses and steeples of Rotterdam rose on all sides. Miss Harrison went downstairs to collect her luggage and to give the stewardess her tip.

DUTCH–ENGLISH VOCABULARY

Nouns marked (n) are *neuter* and take the definite article *het* in the singular. Nouns of *common gender are left unmarked*.

A

aanbevelen, to recommend
aanbeveling, recommendation
aanbieden, to offer
aanbod (n), offer
aangenaam, agreeable
aanhalen, to quote
aankleden, to dress
aankomen, to arrive
aankomst, arrival
aanleggen, to moor, to come alongside
aanlokken, to allure, to attract
aannemen, to accept
aanspreken, to address
aanstaande, next
aantekenen, to note down
aantekening, note
aantreffen, to find, to meet
aardappel, potato
aarde, earth
aardig, charming, pretty
aardigheid, charm, joke
aardrijkskunde, geography
acht, eight
achten, to consider, to esteem, to respect
achter, behind
achterdochtig, suspicious
achttien, eighteen
acteur, actor
actrice, actress
adverteerder, advertiser
advertentie, advertisement
adverteren, advertise
advocaat, barrister
afbellen, to ring off
afbranden, to be burnt down
afbreken, to demolish
afhankelijk, dependent
afkeuren, to disapprove of

afkorting, abbreviation
afmaken, to finish
Afrika, Africa
afscheid nemen, to say good-bye
afspreken, to arrange, to make an appointment
afstand, distance
agent, agent, policeman
al, already, yet
alleen, only, alone
allemaal, all
allerlei, all sorts of
altijd, always
ambtenaar, official
anderhalf, one and a half
anders, else, otherwise
angst, fear, anxiety
antwoorden, to answer, reply
april, April
arbeid, labour
arm, poor
armoedig, poor, shabby
arriveren, to arrive
arts, doctor
as, ash(es)
asbakje (n), ash-tray
augustus, August
Australië, Australia
auto, motor-car
avond, evening
avondeten (n), supper
Azië, Asia

B

bad (n), bath
badzeep, bath soap
bakken, to bake, to fry
band, band, tape
bandiet, bandit
bang, frightened, afraid

203

bankbiljet (n), banknote
bankier, banker
barsten, to burst
bazaar, bazar
beantwoorden, to answer, to reply to
bed (n), bed
bedelaar, beggar
bedienen, to serve
bedlegerig, confined to bed
been (n), *pl. benen*, leg
been (n), *pl. beenderen*, bone
beer, bear
begeleiden, to accompany
beginnen, to begin
begraven, to bury
begrijpen, to understand
behagelijk, comfortable
behalve, except
behang (n), wall-paper
behangen, to paper
bekennen, to confess
beladen, to load
belang (n), interest, importance
belangrijk, important
belangstelling, interest
beleefd, polite
Belgisch, Belgian
bellen, to ring the bell
belonen, to reward
beloven, to promise
bemerken, to notice
beneden, below, downstairs
bereid, ready, prepared
bereiken, to reach
berichten, to inform
berin, she-bear
beroemd, famous
beschaafd, civilized
beschadigen, to damage
beschaving, civilization
besluiten, to decide
bespreken, to book, to discuss
best, best
bestaan, to exist
bestaan uit, to exist of
besteden, to spend
bestellen, to order
bestemd, intended, destined

betalen, to pay
betekenen, to mean
beter, better
betrekking, post, situation, job
beuk, beech
beuken, to dash, beat or thunder
beurt, turn
bevallig, graceful(ly)
bevelen, to order, to command
beven, to tremble
bewaren, to keep, to preserve
bewegen, to move
bewijs (n), proof, certificate
bewonderen, to admire
bewonen, to inhabit
bezem, broom
bezeren, to hurt
bezig, busy, occupied
bezigheid, occupation
bezoek (n), visit
bezoeken, to visit
bezwaar (n), difficulty, objection
bibliotheek, library
bidden, to pray
bieden, to bid, to offer
bier (n), beer
bijten, to bite
bijvoorbeeld, for instance
bijwonen, to be present at
biljet (n), ticket
binnen, inside, indoors
binnen! come in!
binnenkomen, to come in
bioscoop, cinema
blad (n), leaf
bladwijzer, bookmarker
bladzijde, page
blauw, blue
blazen, to blow
blijkbaar, evidently
blijven, to stay, to remain
bliksem, lightning
bloembollen, bulbs
boeg, bows
boeien, to grip, to enthral
boek (n), book
boekhouder, book-keeper
boekhoudster, female book-keeper
boer, farmer, peasant

boerin, farmer's wife, country woman
bok, goat
boom, tree
boot, boat
bord (n), plate
boter, butter
boterham, slice of bread and butter
bouwen, to build
boven, above, over, upstairs
braaf, virtuous, honest, worthy
braden, to roast
brand, house on fire
branden, to burn
breed, broad, wide
breedte, breadth, width
breken, to break
brengen, to bring
brief, letter
briefkaart, postcard
broek, pair of trousers
broer, brother
broertje (n), little brother
brood (n), bread, loaf
broodje (n), roll
brouwen, to brew
bruin, brown
bruine beuk, copper beech
brullen, to roar
bui, shower
buigen, to bend
buiten, outside, out of doors
buitenshuis, out of doors
bureau, desk
bus, (omni)bus
buur, neighbour
buurman, neighbour

C

café, inn, public-house
catalogus, catalogue
chaufferen, to drive a car
chauffeur, chauffeur, driver
Chinees, Chinaman
citroen, lemon
cognac, brandy
compagnon, partner

concert (n), concert
conferentie, conference
consul, consul
correspondent, correspondent
correspondente, female correspondent

D

daad, deed
daar, there
daarna, after that
daarnet, just now
daarvoor, for that, before that
dadelijk, immediately, presently
dag, day
dagblad (n), daily paper
dagelijks, daily
dak (n), roof
dame, lady
danig, very, badly
dankbaar, grateful
danken, to thank
danseres, female dancer
dapper, brave
das, necktie
datum, date
december, December
de hut, cage, berth
deinen, to heave
dek (n), deck
delen, to divide, to share
denken, to think
derde, third
dergelijke, such, of that kind
derhalve, consequently
dermate, to such an extent
dertien, thirteen
dertig, thirty
desgelijks, likewise
desnoods, if need be
desondanks, nevertheless
destijds, at that time, at one time
deugd, virtue
deur, door
diamant, diamond
dief, thief
dienen, to serve
dienst, service
dienstmeisje, maid

dienst hebben, to be on duty
dierbaar, dear
dierentuin, zoological gardens
dievegge, female thief
dik, thick, stout
ding (n), thing
dinsdag, Tuesday
directeur, manager
directrice, manageress
dochter, daughter
doen, to do
doen toekomen, to forward
dokter, doctor
dom, stupid
donderdag, Thursday
donker, dark
dood, dead
door, through, by
doorbrengen, to spend
doos, box
dop, shell, pod, husk
dorp (n), village
dozijn (n), dozen
dragen, to carry, to bear, to wear
dreigen, to threaten
drinken (*op*), to drink (to)
droog, dry
druipen, to drip
druk, busy
drukinkt, printers' ink
drukken, to press, to print
drukker, printer
drukkerij, printing works
duidelijk, clear(ly), plain(ly)
duiken, to drive
Duits, German
duizend, a thousand
duren, to last
dus, so
dutje (n), nap
duur, dear, expensive
duwen, to push, to thrust

E

echt, real, genuine
echter, however
echtgenoot, husband
echtgenote, wife

edelman, nobleman
eenheid, unit
eenmaal, once, one day
eens, once
eentonig, monotonous
eer, honour
eerbied, respect
eerbiedig, respectful(ly)
eerlijk, honest(ly)
eerst, first
eetkamer, dining-room
eetzaal, public dining-room
eeuw, century
ei (n), egg
eigen, own
eigenlijk, properly
eindelijk, at last
elf, eleven
elk, each
elkaar, *elkander*, each other, one
  another
ellendig, miserab.e
emmer, bucket, pail
Engeland, England
Engels, English
Engelsman, Englishman
enige, some
enkel, sole, only
erbij zijn, to be present
erg, very, bad(ly)
ergens, somewhere, anywhere
ernstig, serious(ly)
ervan, of it
eten, to eat
examen (n), examination
exemplaar (n), copy, specimen
even, just
even voorbij, just past
evenwel, however
ezel, ass, donkey

F

Frankrijk, France
Frans, French
Fransman, Frenchman
februari, February
feit (n), fact
fiets, bicycle

fietsen, to cycle
film, film
firma, firm
firmant, partner in a firm
fluiten, to whistle
fluweel (n), velvet
fooi, tip, gratuity

G

gaan, to go
gaarne, gladly, willingly
gaatje (n), a little hole
gang, gait, passage, corridor
gans, goose
garage, garage
gas (n), gas
gast, guest
gastheer, host
gastvrouw, hostess
gat (n), hole
gauw, quickly
gebeuren, to happen
geboorte, birth
gebruik (n), use
gebruiken, to use
gebruik maken van, to make use of
gedachte, thought
gedicht (n), poem
gedurende, during
geel, yellow
geen, not any
geest, ghost
gehoorzamen, to obey
geklop (n), knocking
geld (n), money
geleden, ago
geleidelijk, gradual(ly)
geloven, to believe
geluid (n), sound
gelukwensen met, to congratulate on
gemakkelijk, easy, easily
gemiddelde (n), average
gems, chamois
generaal, general
genieten van, to enjoy
genoeg, enough

genoegen (n), pleasure
geregeld, regular(ly)
geschieden, to happen
geschiedenis, history
gevaar (n), danger
gevaarlijk, dangerous(ly)
gevangenis, prison
geven, to give
gevoelen, to feel
geweer (n), gun, rifle
gewend aan, accustomed to
gewennen aan, to get used to
gewicht (n), weight
gewit, whitewashed
gewoon, ordinary, ordinarily
gewoonlijk, usually
gewoonte, habit, custom
gezang (n), singing
gezelschap (n), company, companionship
gezin (n), family
giechelen, to giggle
gieren, to whistle (of the wind)
gierigaard, miser
gisteren, yesterday
glas (n), glass
glijden, to glide, to slide
godsdienst, religion
goed, good, well
goedhartig, good-natured
goedkeuren, to approve
goedkoop, cheap(ly)
goevernante, governess
golf, wave
gordijn (n), curtain, blind
goud (n), gold
gouden, gold(en)
grijpen, to seize, to grip
grijs, grey
grijsaard, greybeard, old man
groen, green
groot, great, large, big
grootheid, greatness
grootmoeder, grandmother
groots, grand
grootvader, grandfather
grond, ground
grondig, thorough(ly)
gulden, guilder

H

haast, haste, hurry
haar (n), hair
haas, hare
hagelen, to hail
hakken, to hack, to chip
halen, to fetch, catch
handelaar, dealer
handelen in, to deal in
handelen over, to deal with
handwerken, to do needlework
halen, to fetch
hamer, hammer
hangen, to hang
hard, hard, fast
hart (n), heart
haver, oats
hebben, to have
hecht, firm(ly)
heden, to-day
heel veel, very much
heg, hedge
heilig, holy, sacred
hek (n), gate, railings
held, hero
heldin, heroine
helemaal niets, nothing at all
helpen, to help
hemel, heaven
herfst, autumn
herinneren aan, to remind of
hertrouwen, to marry again
heten, to be called
hetgeen, which
hier, here
hierin, in this
hiernaast, next door
hiervoor, for this
hoe, how
hoed, hat
hoef, hoof
hoefijzer (n), horseshoe
hoek, corner, angle
hoeveel, how much (many)
hofmeester, steward
hofmeesteres, stewardess
Hollands, Dutch
hollen, to rush along

hond, dog
honderd, a hundred
Hongaars, Hungarian
Hongarije, Hungary
hoofd (n), head
hoofdstad, capital city
hoog, high
hoop, hope
hopen, to hope
horen, to hear
horloge (n), watch
hospita, landlady
houden, to hold, to keep
houden van, to like, to love
houding, attitude
hout (n), wood
houten, wooden
huilen, to weep
huis (n), house
huiselijk, homelike, home loving
huisschilder, house painter
huisvrouw, housewife
hulp, help
hut, cabin
huur, hire, rent
huwelijk (n), marriage

I

idee (n), idea
ieder, each, every, everyone
iedereen, everyone
iemand, someone
Ier, Irishman
Ierland, Ireland
iets, something, anything
iets minder, a little less
ijs (n), ice
ijzer (n), iron
illusie, illusion
inbinden, to bind (a book)
inbreken, to burgle
inbreker, burglar
indertijd, some time since, at one time
informeren, to inquire
inhalen, to overtake, to make up for
inhoud, contents

insgelijks, the same to you
inspecteur, inspector
in staat, able
interessant, interesting
in volle gang, in full swing

J

ja, yes, certainly
jaar (n), year
jagen, to hunt, to shoot
jammer, a pity
Jan, John
januari, January
jas, coat
Javaan, Javanese
jouw, your
juffrouw, Miss, (unmarried woman)
juni, June
juli, July
jullie, you people, your
jurk, frock, dress

K

kaart, card, map
kaarten, to play cards
kalf (n), calf
kam, comb
kamer, room
kameel, camel
kammen, to comb
kan, jug
kans, chance
kant, side, edge, lace
kantoor (n), office
kapper, hairdresser
kar, cart
Karel, Charles
karpet (n), carpet
kast, cupboard
kastje (n), locker
kat, cat
katje (n), kitten
keel, throat
keizer, emperor
keizerin, empress

kelder, cellar
kelner, waiter
kennen, to know
kennis, knowledge, acquaintance
kennis maken met, to make the acquaintance of
kerel, fellow
keren, to turn
kerk, church
kerkdienst, religious service
kerkhof (n), churchyard
ketel, kettle
keuken, kitchen
keuren, to test
keus, choice
kieken, to take snapshots
kiezen, to choose
kijken, to look
kikker, frog
kind (n), child
kindje (n), baby
klaar, ready, finished
klauw, claw
kleden, to dress
kleed (n), carpet
kleedje (n), rug
klein, little, small
kleur, colour
klinken, to sound, to clink
klok, clock, church bell
kloppen, to knock
knie, knee
knikker, marble
knippen, to cut with scissors
koe, cow
koffie, coffee
koffiedrinken (n), lunch
kok, chef
koken, to cook, to boil
kokkin, cook, kitchenmaid
kolen, coal(s)
kolonel, colonel
kom, basin
komen, to come
komma, comma
konijn (n), rabbit
koning, king
koningin, queen
koninklijk, royal

koopman, merchant
koperdraad (n), copper wire
kopje (n), tea-cup
kopen, to buy
koper (n), copper, brass
koren (n), corn
kort, short
kortelings, shortly
kosten, to cost
kotter, cutter
kou, cold
koud, cold (adj.)
kou vatten, to catch cold
krant, newspaper
krijgen, to get
kruiden, herbs
kruidenier, grocer
kruidenierswinkel, grocer's shop
kruik, stone bottle
kruipen, to creep
kruis (n), cross
kubiek, cubic
kunnen, to be able
kus, kiss
kussen (n), cushion, pillow
kust, coast
kwart, quarter
kwartier (n), quarter of an hour

L

la, drawer
laag, low
laan, shady walk
laars, boot
laat, late
laatst, the other day
lachen, to laugh
laden, to load
laf, cowardly
lagere school, elementary school
laken, sheet
lam (n), lamb
lamp, lamp
lang, tall, long
langzaam, slow(ly)
lans, lance
lantaarn, lantern
laten, to let

leeftijd, age
leeg, empty
leermeester, teacher
leeuw, lion
leeuwin, lioness
leger (n), army
leggen, to lay
lei, slate
leiden, to lead
leiding, guidance
lekken, to leak
lekker, nice to the taste
lelijk, ugly
lenen, to lend
lente, spring
lepel, spoon
lepeltje (n), teaspoon
leraar, teacher
lerares, female teacher
les, lesson
leugen, lie
leugenaar, liar
leunen, to lean
leven, to live
leven (n), life
lezen, to read
licht (n), light
licht, light (adj.)
licht, easily, lightly
lichtbruin, light brown
lief, sweet, dear
liefdadig, charitable
liefdadigheid, charity
liefde, love
liefderijk, loving, devoted
liegen, to lie, to prevaricate
liever, rather, sooner
liggen, to lie
lijden, leed, geleden, to suffer
lijken, to seem
linkerarm, left arm
links, (to the) left
locomotief, locomotive
loeien, to roar, to bellow
log, unwieldy
logeerkamer, guest room
logisch, logical(ly)
lokken, to lure
loods, pilot

loodskotter, pilot cutter
loon (n), wage(s)
loop, course
lopen, to walk, to go
los, loose
loslaten, to let go
luchtpost, airmail
lui, lazy
luid, loud(ly)
luiheid, laziness
luisteren, to listen
lusten, to like (of food)

M

maaien, to mow
maand, month
maandag, Monday
maar, but
maat, measure
machine, machine, engine
maken, to make
malen, to grind
man, man, husband
manier, manner
mannelijk, male, masculine
mannetje (n), little man, male animal
mand, basket
mandje (n), little basket
markt, market
massa, mass
matras, mattress
mazelen, measles
meebrengen, to bring along
meel, flour
meenemen, to take along
meer, more
meest, most
meestal, mostly
mei, May
meisje, girl
melk, milk
melkboer, milkman
melken, to milk
men, one, people
meneer, Mr., Sir
megni(e), many a
mens, human being

merkwaardig, remarkably (ly)
mettertijd, in course of time
mevrouw, Mrs., Madam
middag, afternoon
mijnheer, Mr., Sir
miljoen (n), million
minder, less, fewer
minst, least, fewest
minuut, minute
misschien, perhaps
missen, to miss
mist, fog
misten, to be foggy
moed, courage
moeder, mother
moeilijk, difficult, hard
moeite, trouble
moeten, to be obliged
mogen, to be allowed
molenaar, miller
monnik, monk
mooi, fine, beautiful
morgen, morning, to-morrow
morgenavond, to-morrow evening
morren, to grumble
munt, coin, mint
musicus, musician
muskiet, mosquito
muur, wall
muziek, music
muzikaal, musical

N

naaien, to sew
naaister, needle-woman
naam, name
naast, beside, next
nabij, near
nabijheid, neighbourhood, proximity
nacht, night
naderen, to approach
nalaten, to omit
natuur, nature
natuurlijk, natural(ly)
nederig, humble (ly)
Nederlands, Dutch
neef, cousin, nephew

(*zich*) *neerzetten*, to sit down, to settle
negen, nine
negentien, nineteen
negentig, ninety
neger, negro
negerin, negress
nemen, to take
nergens, nowhere
net, neat
netjes, neatly
neus, nose
nicht, cousin, niece
niemand, no one
nietje, staple
niets, nothing
niettemin, nevertheless
nieuw, new
nieuws (n), news
nieuwsgierig, curious
nieuwsgierigheid, curiosity
nobel, noble
node, reluctantly, loth
nodig, necessary, needed
nodig hebben, to need
noemen, to name, to call
nog, still, yet
nogal, rather
nood, need
nooit, never
noord, north
Noordzee, North Sea
november, November
nu, now
nummer (n), number
nut (n), use, usefulness
nuttig, useful(ly)

O

october, October
of, or, whether
offer (n), sacrifice
officier, officer
ofschoon, although
ogenblik (n), moment
olie, oil
olifant, elephant
om, round, in order to, in, at, about

omdat, because
omgeven, to surround
omgeving, surroundings
omringen, to surround
omstreeks, about
onder, under, below, beneath, among
ondergaan, to set
ondergaan, to undergo
onderwijs (n), instruction, teaching, education
onderwijzer, teacher
ondeugd, vice
ondeugend, naughty
oneerbiedig, disrespectful(ly)
oneerlijk, dishonest, unfair
ongeluk (n), misfortune, accident
ongewoon, unusual(ly)
onlangs, the other day
onmiddellijk, immediate(ly)
onmogelijk, not possible, not possibly
ontbijt (n), breakfast
onthouden, to remember
ontsnappen, to escape
ontvangen, to receive
ontwikkelen, to develop
onweer (n), thunderstorm
onzin, nonsense
oog (n), eye
ooit, ever
ook, too, also
oom, uncle
oorlog, war
op het laatst, at last
op raad van, on the advice of
opbellen, to ring up
opbrengen, to bring in
openbaar, public
openen, to open
openstaand, standing open
operatie, operation
opname, admission
opnemen, to take in
opofferen, to sacrifice
opperbest, perfectly well
opplakken, to paste in
opsluiten, to lock up
opstaan, to get up

opsteken, to light
opzeggen, to say (a lesson)
opzoeken, to look up, to go and see
oranje, orange
oud, old
ouders, parents
over, across
overal, everywhere
overblijven, to remain, to be over
overdag, in the day-time
overhalen, to persuade
overigens, for the rest
overkomen aan, to happen to
overlijden, to die
overspringen, to jump across
overstroming, flood
overvloed, plenty
overvloedig, plentiful(ly)

P

paard (n), horse
paars, violet
pak (n), pack, parcel, bundle, suit of clothes
pakken, to pack
paraplu, umbrella
pardon! excuse me!
parkeren, to park
pas op, take care
Pasen, Easter
passagier, passenger
passen, to fit, to suit
passen op, to look after
passend, suitable
passeren, to pass
patroon (n), pattern
pastoor, parish priest
patrijspoort, porthole
persoonlijk, personal(ly)
pianist, pianist
pianiste, female pianist
piano, piano
piekeren, think, ponder, worry
pijl, arrow
pijn doen, to hurt
pijp, pipe
Pinsteren, Whitsuntide

plaats, place
plezier (n), fun
plezierig, pleasant, jolly, nice
plicht, duty
plotseling, sudden(ly)
Polen, Poland
politie, police
pols, wrist
pond (n), 500 grams, pound
Pool, Pole
Pools, Polish
poot, leg (of animal or piece of furniture)
pop, doll
portemonnaie, purse
portret (n), portrait
postzegel, stamp
prachtig, splendid(ly)
praten, to talk
precies op, particular about
prettig, pleasant, nice
proberen, to try
provincie, province

R

raad, advice
raam (n), window
rang, rank
recht, right, straight
rechtdoor, straight on
rechterbeen (n), right leg
rechts, to the right
redacteur, editor
redactrice, editress
redden, to save
regel, rule
regelen, to regulate
regen, rain
regenen, to rain
reizen, to travel
reiziger, traveller
rekenen, to reckon, to count
remise, remittance
repareren, to mend, to repair
retour, return ticket
riem, strap
rijbewijs (n), driving licence
rijden, to drive, to ride

rijkdom, riches
rivier, river
roepen, to call
roeren, to stir
roerend, moving
rok, skirt
roken, to smoke
roman, novel
rondkomen, to make both ends
    meet
rondsturen, to send round
rood, red
rug, back
ruiken, to smell
ruim, roomy, spacious
ruim genoeg, ample
ruimschoots, plentiful
ruimte, space
ruit, pane of glass
rundvlees (n), beef
Rus, Russian
Rusland, Russia
Russisch, Russian (adj.)
rustig, quiet(ly)
ruw, rough(ly)

S

samen, together
sap (n), sap, juice
's avonds, in the evening
schaap (n), sheep
schade, damage
schaduw, shadow
schaven, to plane
scheiden, to separate
schelvis, haddock
scheppen (*strong*), to create
scheppen (*weak*), to shovel up
scheren, to shave, to shear
schieten, to shoot
schijnen, to seem, to shine
schil, peel
schilder, painter, house painter
schilderen, to paint
schilderes, female painter
schilderij, painting
schillen, to peel
schip (n), ship

schipbreuk, shipwreck
schoen, shoe
school, school
schoolmeester, schoolmaster
schoonmoeder, mother-in-law
schot (n), shot
Schot, Scot(sman)
Schotland, Scotland
Schots, Scotch
schouwburg, theatre
schrift (n), writing
schrijfster, authoress
schrijven, to write
schrijver, author
schrikken, to be startled
schroef, screw
schuld, guilt, fault, debt
schuldig zijn, to owe
secretaresse, woman secretary
secretaris, secretary
september, September
Sicilië, Sicily
sierlijk, graceful(ly)
sigaar, cigar
sinaasappel, orange
sjofel, shabby
sjorren, to lash
slaan, to beat, to strike
slaap, sleep
slagen, to succeed
slager, butcher
slagerswinkel, butcher's shop
slang, snake
slapen, to sleep
sloot, ditch
smederij, smithy
smelten, to melt
smid, smith
's middags, in the afternoon
smidse, smithy
sneeuwen, to snow
snellen, to rush
snerpend, piercing
snijden, to cut
sok, sock
soldaat, soldier
som, sum
sommige, some
soms, sometimes

spaargeld (n), savings
sparen, to save, to spare
speelplaats, playground
speeltafeltje (n), card table
spek (n), bacon
spel (n), game
spelen, to play
spiegel, mirror
spoed, speed
spoedig, speedy (ily)
spook (n), ghost
spreekwoord (n), proverb
spreken, to speak
staan, to stand
stad, town
stalletje (n), stall
stap, step
stappen, to step
steen, stone, brick
stellen, to place, to put
sterk, strong(ly)
sterven, to die
stijgen, to mount
stil, still, quiet(ly)
stilstaan, to stop
stoel, chair
stof, material
stootblok (n), buffer
storm, storm, gale
stoten, to knock
straks, presently
strand (n), sands
strijden, to fight
stromen, to stream
studeerkamer, study
student, student
studente, female student
studeren, to study
stuk (n), piece
sturen, to send, to steer
succes (n), success
suiker, sugar

T

tabak, tobacco
tachtig, eighty
tafel, table
tafelblad (n), table top

talrijk, numerous
tand, tooth
tandarts, dentist
tante, aunt
tegen, against
tegenwoordig, (at) present
teken (n), token, sign
telefoon, telephone
telegram (n), telegram
tellen, to count
te allen tijde, at all times
ten behoeve van, on behalf of
ten derde, thirdly
ten eerste, firstly
ten einde, in order to
ten minste, at least
tennissen, to play tennis
tentoonstelling, exhibition
ten tweede, secondly
terug, back
terugkeren, to return
terugweg, way back
thee, tea
theelepeltje (n), teaspoon
Theems, Thames
theorie, theory
thuis, at home
tien, ten
tijd, time
tikken, to tap, to type
timmerman, carpenter
tocht, draught
toegenegen, affectionate
toekijken, to look on
toen, then, when
toentertijd, at the time
toereikend, adequate
toetreden op, to walk up to
toeval (n), chance, accidental occurrence
toevallige ontmoeting, chance meeting
toneel (n), scene, stage
tong, tongue, sole (fish)
toren, tower, steeple
tot, totdat, until
tragisch, tragic
tralie, bar
trap, staircase

trapleer, stepladder
trekken, to draw
trekvogel, bird of passage
triomf, triumph
trouwen, to marry, to get married
trouwens, for that matter
trouwring, wedding ring
tuin, garden
tuinman, gardener
twaalf, twelve
twee, two
tweede, second
tweemaal, twice
twintig, twenty
typiste, female typist

U

uitbarsten, to burst out
uitblazen, to blow out
uitblijven, to stay out
uitdrukken, to express
uitdrukking, expression
uitgeven, to give out, spend, publish
uitgever, publisher
uitknippen, to cut out (with scissors)
uitleggen, to explain
uitnodiging, invitation
uitroepen, to exclaim
uitscheiden, to stop
uitsteken, to stick out
uitstekend, excellent(ly)
uitvegen, to wipe out
uitverkoop, clearance sale
universiteit, university

V

vaak, often
vaas, vase
vacature, vacancy
vader, father
vaderland (n), native country
vaderstad, native town
vakantie, holiday
vallen, to fall

van, of, from
vangen, to catch
vanmorgen, this morning
van plan zijn, to intend
varen, to travel by water
varken (n), pig
varkensvlees, pork
vast, fixed, assured
vaststellen, to fix, to determine
vat (n), cask, barrel, vat
vechten, to fight
veel, much, many
veertien, fourteen
veertig, forty
ver, far
veranderen, to change, to alter
verband houden met, to be connected with
verbazen, to astonish
verbieden, to forbid
verdacht, suspect, suspicious
verder, further
verdienen, to earn, to deserve, to merit
verdwalen, to lose one's way
verdwijnen, to disappear
vergen, to demand, to require
vergeten, to forget
vergezellen, to accompany
(zich) vergissen, to be mistaken
vergrijzen, to grow grey
verhaal (n), story
(zich) verheffen, to rise up
(zich) verheugen, to be glad, to rejoice
verhuizen, to move house
verjaardag, birthday
verklaren, to declare, to explain
verklaring, explanation
verkopen, to sell
verkouden zijn, to have a cold
verlangen (n), longing, desire
verlangen naar, to long for
verlaten, to leave, to quit
verleden (n), past
verleden jaar, last year
verleden week, last week
verliezen, to lose
verlof (n), permission, leave

vernemen, to learn, to be informed
verpleegster, nurse
verplegen, to nurse
verpleger, male nurse
verpleging, nursing
verrekijker, binoculars
verschieten, to fade
verschrikkelijk, terrible, terribly
verschuiven, to move aside
(*zich*) *verslapen*, to oversleep oneself
verstandig, sensible
verstuiken, to sprain
vertegenwoordiger, representative
vertellen, to tell, to recount
vertrekken, to depart
vertrouwen (n), trust
vertrouwen, to trust
verven, to paint
vervloeken, to curse
verwachten, to expect
verwennen, to spoil
verwonderen, to surprise
verzamelen, to collect
verzameling, collection
verzekeren, to assure
verzekering, assurance
verzoeken, to request
verzoeten, to sweeten
verzwakken, to weaken
vest (n), waistcoat
vestigen, to establish
vier, four
vierde, fourth
vies, dirty
vijand, enemy
vijandig, hostile
vijf, five
vijfde, fifth
vijftien, fifteen
vijftig, fifty
violist, violinist
vissen, to fish
vlag, flag
vleien, to flatter
vleier, flatterer
vleister, female flatterer
vliegen, to fly
Vlissingen, Flushing

vloeibaar, liquid
vloeien, to flow
vloeistof, liquid
vloeken, to swear, to use bad language
vloer, floor
vluchteling, fugitive
vluchten, to fly
voeder (n), fodder
voedsel (n), food
voeren, to feed, to line
voering, lining
voet, foot
voetballen, to play football
volgen, to follow
volgende, next
volgens, according to
volkslied (n), national anthem
voor, for, before, in front of, in favour of
vooral, especially
voorbij, past
voordat, before
voorkeur, preference
voorlopig, provisional(ly)
voorstellen, to introduce, to propose
voorzeggen, to prompt
voorzichtig, careful(ly)
voorzitter, chairman
vork, fork
vragen, to ask
vreemd, strange(ly)
vreemdeling, stranger, foreigner
vreselijk, dreadful(ly)
vriend, friend
vriendelijk, friendly, kind
vriendin, female friend
vriendschap, friendship
vriezen, to freeze
vrij, free
vrijdag, Friday
vroeg, early
vrouw, woman, wife
vrouwelijk, female, feminine
vuil, dirty
vuil (n), dirt
vulpen, fountain pen
vuur (n), fire, live coals

W

waar, true
waar, where
waaraan, on what, to what
waard, worth
waarde, value
waardig, worthy
waarheid, truth
waarin, in what
waarom, why
waarschijnlijk, probable, probably
waarschuwen, to warn
waarvan, of what
waarvoor, for what
wachten, to wait
wagen, to risk, to venture
wakker worden, to wake up
wandelstok, walking stick
warm, warm, hot
wasdag, washing day
wassen, to wash
water (n), water
week, week
weer, again
weer (n), weather
weg, away, gone
weg, way, road
wegen, to weigh
weggaan, to go away
weggooien, to throw away
weglopen, to run away
weigeren, to refuse
weinig, little, few
welbekend, well known
weliswaar, it is true that
welk, which
welkom (n), welcome
welstand, health, well-being
welverdiend, well-earned
wensen, to wish
wereld, world
werf, wharf
werk (n), work
werkelijk, real(ly)
werkgever, employer
werpen, to throw
west (n), west
wet, law

weten, to know
wijs, wise
wild, wild
wild (n), game
willen, to want, wish, desire
winkel, shop
winnen, to win
winter, winter
winterjas, winter overcoat
wisselen, to change
wit, white
woede, rage
woeden, to rage
woensdag, Wednesday
wollen, woollen
wonen, to live, to dwell
woning, dwelling
woord (n), word
woordenboek (n), dictionary
worden, to become
wrak (n), wreck
wreken, to revenge

Z

zaaien, to sow
zaak, business
zakenbrief, business letter
zaken doen, to do business
zaterdag, Saturday
zee, sea
zeeman, sailor
zeep, soap
zeer, very
zeer, sore
zeggen, to say
zeker, sure, certain
zelfopoffering, self-sacrifice
zelfs, even
zes, six
zesde, sixth
zestien, sixteen
zestig, sixty
zeven, seven
zevende, seventh
zeventien, seventeen
zeventig, seventy
ziek, ill
ziekenhuis (n), hospital

ziekenkamer, sick-room
zielig, pitiful
zien, to see
zijn, to be
zilver (n), silver
zin, sense, sentence
zindelijk, clean, cleanly, tidy
zingen, to sing
zinken, to sink
zitten, to sit
zo, thus, so
zoals, as
zo'n, such a
zo iets, something like that
zo juist, a short while ago
zoet, sweet
zolder, loft
zondag, Sunday
zonder, without
zonder ophouden, without ceasing

zoon, son
zorgen, to care
zout (n), salt
zouten, to salt
zucht, sigh
zuidoosten (n), south east
zuigen, to suck
zuster, sister
zuur, sour
zwaar, heavy
zwager, brother-in-law
zwak, weak
zwart, black
zwellen, to swell
zwembad (n), bathing pool
zwemmen, to swim
zwembroek, bathing trunks
zweren, to swear
zwerven, to roam
zwijgen, to be silent

ALPHABETICAL LIST OF STRONG VERBS

Only those verbs which occur frequently are given below; the plural of the past tense is not mentioned when it is identical with the past participle or when the past tense is an ordinary weak form.

INFINITIVE	PAST TENSE	PAST PARTICIPLE	
bakken	bakte	gebakken	to fry
bederven	bedierf, bedierven	bedorven	to spoil
bedriegen	bedroog, bedrogen	bedrogen	to deceive
beginnen	begon	begonnen	to begin
bevelen	beval, bevalen	bevolen	to command
bezwijken	bezweek	bezweken	to break down
bidden	bad, baden	gebeden	to pray
bijten	beet, beten	gebeten	to bite
binden	bond, bonden	gebonden	to tie
blazen	blies, bliezen	geblazen	to blow
blijken	bleek, bleken	gebleken	to appear
blijven	bleef, bleven	gebleven	to stay
blinken	blonk, blonken	geblonken	to shine
braden	braadde	gebraden	to roast
breken	brak, braken	gebroken	to break
buigen	boog, bogen	gebogen	to bend
dragen	droeg, droegen	gedragen	to carry
drijven	dreef, dreven	gedreven	to float
drinken	dronk, dronken	gedronken	to drink
druipen	droop, dropen	gedropen	to drip
duiken	dook, doken	gedoken	to dive
dwingen	dwong, dwongen	gedwongen	to force
eten	at, aten	gegeten	to eat
fluiten	floot, floten	gefloten	to whistle
gaan	ging, gingen	gegaan	to go
gelden	gold, golden	gegolden	to be valid
genezen	genas, genazen	genezen	to cure
genieten	genoot	genoten	to enjoy
geven	gaf, gaven	gegeven	to give
gieten	goot, goten	gegoten	to pour
glijden	gleed, gleden	gegleden	to slide
glimmen	glom, glommen	geglommen	to shine
graven	groef, groeven	gegraven	to dig
grijpen	greep, grepen	gegrepen	to grasp
hangen	hing, hingen	gehangen	to hang
heten	heette	geheten	to be called
helpen	hielp, hielpen	geholpen	to help
houden	hield, hielden	gehouden	to keep
kiezen	koos, kozen	gekozen	to choose
kijken	keek, keken	gekeken	to look
klimmen	klom, klommen	geklommen	to climb
klinken	klonk, klonken	geklonken	to sound

INFINITIVE	PAST TENSE	PAST PARTICIPLE	
kluiven	*kloof, kloven*	*gekloven*	to gnaw
knijpen	*kneep, knepen*	*geknepen*	to pinch
komen	*kwam, kwamen*	*gekomen*	to come
krijgen	*kreeg, kregen*	*gekregen*	to get
kruipen	*kroop, kropen*	*gekropen*	to creep
lachen	*lachte*	*gelachen*	to laugh
laten	*liet, lieten*	*gelaten*	to let
lezen	*las, lazen*	*gelezen*	to read
liegen	*loog, logen*	*gelogen*	to lie (lied)
liggen	*lag, lagen*	*gelegen*	to lie (lay)
lijden	*leed, leden*	*geleden*	to suffer
lijken	*leek, leken*	*geleken*	to seem
lopen	*liep, liepen*	*gelopen*	to walk
meten	*mat, maten*	*gemeten*	to measure
nemen	*nam, namen*	*genomen*	to take
prijzen	*prees, prezen*	*geprezen*	to praise
raden	*raadde*	*geraden*	to guess
rijden	*reed, reden*	*gereden*	to ride, drive
rijgen	*reeg, regen*	*geregen*	to string
roepen	*riep, riepen*	*geroepen*	to call
ruiken	*rook, roken*	*geroken*	to smell
schenken	*schonk, schonken*	*geschonken*	to pour
scheren	*schoor, schoren*	*geschoren*	to shave
schieten	*schoot, schoten*	*geschoten*	to shoot
schijnen	*scheen, schenen*	*geschenen*	to appear
schrijven	*schreef, schreven*	*geschreven*	to write
schrikken	*schrok, schrokken*	*geschrokken*	to take fright
schuiven	*schoof, schoven*	*geschoven*	to shove
slaan	*sloeg, sloegen*	*geslagen*	to beat
slapen	*sliep, sliepen*	*geslapen*	to sleep
slijten	*sleet, sleten*	*gesleten*	to wear off
sluipen	*sloop, slopen*	*geslopen*	to sneak
sluiten	*sloot, sloten*	*gesloten*	to shut
smelten	*smolt, smolten*	*gesmolten*	to melt
smijten	*smeet, smeten*	*gesmeten*	to fling
snijden	*sneed, sneden*	*gesneden*	to cut
snuiven	*snoof, snoven*	*gesnoven*	to sniff
spreken	*sprak, spraken*	*gesproken*	to speak
springen	*sprong, sprongen*	*gesprongen*	to jump
spuiten	*spoot, spoten*	*gespoten*	to spout
staan	*stond, stonden*	*gestaan*	to stand
steken	*stak, staken*	*gestoken*	to sting
stelen	*stal, stalen*	*gestolen*	to steal
sterven	*stierf, stierven*	*gestorven*	to die
stijgen	*steeg, stegen*	*gestegen*	to mount, go up
strijken	*streek, streken*	*gestreken*	to iron
treffen	*trof, troffen*	*getroffen*	to strike
trekken	*trok, trokken*	*getrokken*	to pull
vallen	*viel, vielen*	*gevallen*	to fall
vangen	*ving, vingen*	*gevangen*	to catch

Infinitive	Past Tense	Past Participle	
varen	voer, voeren	gevaren	to sail
vechten	vocht, vochten	gevochten	to fight
vergeten	vergat, vergaten	vergeten	to forget
verliezen	verloor	verloren	to lose
vinden	vond, vonden	gevonden	to find
vliegen	vloog, vlogen	gevlogen	to fly
vouwen	vouwde	gevouwen	to fold
vriezen	vroor, vroren	gevroren	to freeze
wegen	woog, wogen	gewogen	to weigh
wijzen	wees, wezen	gewezen	to point
winnen	won, wonnen	gewonnen	to win
wrijven	wreef, wreven	gewreven	to rub
zeggen	zei, zeiden	gezegd	to say
zien	zag, zagen	gezien	to see
zingen	zong, zongen	gezongen	to sing
zinken	zonk, zonken	gezonken	to sink
zitten	zat, zaten	gezeten	to sit
zuigen	zoog, zogen	gezogen	to suck
zwemmen	zwom, zwommen	gezwommen	to swim
zwerven	zwierf, zwierven	gezworven	to wander